高等职业院校汽车类技能型人才培养"十三五"规划教材

汽车电路与电气系统构造与检修

主　编　杜子文

副主编　张　义　李跃华

西南交通大学出版社

·成　都·

图书在版编目（CIP）数据

汽车电路与电气系统构造与检修 / 杜子文主编. —
成都：西南交通大学出版社，2016.2
高等职业院校汽车类技能型人才培养"十三五"规划
教材
ISBN 978-7-5643-4374-3

Ⅰ. ①汽… Ⅱ. ①杜… Ⅲ. ①汽车 – 电气设备 – 构造
– 高等职业教育 – 教材②汽车 – 电气设备 – 车辆修理 – 高
等职业教育 – 教材 Ⅳ. ①U472.41

中国版本图书馆 CIP 数据核字（2015）第 259246 号

高等职业院校汽车类技能型人才培养"十三五"规划教材

汽车电路与电气系统构造与检修

主编 杜子文

责 任 编 辑	李芳芳
特 邀 编 辑	林 莉 李 娟
封 面 设 计	何东琳设计工作室
出 版 发 行	西南交通大学出版社 （四川省成都市二环路北一段 111 号 西南交通大学创新大厦 21 楼）
发行部电话	028-87600564　028-87600533
邮 政 编 码	610031
网 址	http://www.xnjdcbs.com
印 刷	成都蜀通印务有限责任公司
成 品 尺 寸	185 mm×260 mm
印 张	16.75
字 数	418 千
版 次	2016 年 2 月第 1 版
印 次	2016 年 2 月第 1 次
书 号	ISBN 978-7-5643-4374-3
定 价	45.00 元

课件咨询电话：028-87600533
图书如有印装质量问题　本社负责退换
版权所有　盗版必究　举报电话：028-87600562

前　言

随着汽车工业的快速发展，先进技术在汽车上得到广泛应用，汽车电路与电气结构越来越复杂，对其使用、维护、检测、故障诊断和维修的要求也越来越高。汽车电路与电气的维修能力已成为汽车类人才能力评价的重要方面。为适应高职人才的培养要求，传授适用知识与技能，本教材在编写过程中以应用型技术人才为主要培养目标，遵循以职业能力培养为中心、以职业能力形成的逻辑过程为主线，理论与实践融合，注重培养"理论基础扎实、专业知识面广、实践能力强、综合素质高"的应用型技术人才。

本教材的主要特点如下：第一，立足于汽车电路与电气系统检修能力的培养，突出实用理论对实践的指导，在强化技能的同时，引导学生扩展知识，养成持续学习的能力；第二，注重汽车市场职业岗位对人才知识、能力的要求，力求与相应的职业资格标准衔接，在教材中引入行业标准，并较多地反映了新知识、新技术、新工艺、新方法的内容，每个学习项目按照基本知识、基本技能、拓展知识、学习小结、任务分析、自我评估这一思路进行编排，突出理、实一体化的教学模式，重在检修能力的培养；第三，在内容选择上，以成熟、在用的结构和方法为主，淘汰陈旧知识，使教材内容具有实用性和宽广性；第四，选用的基本车型具有代表性，力争做到所介绍汽车的先进结构与国内汽车发展保持同步。

全书共 12 个学习项目、24 个工作任务，内容主要包括汽车电气设备总体构造认知、电源系统检修、启动系统检修、照明与信号系统检修、组合仪表系统检修、雨刮及洗涤系统检修、乘员安全防护系统检修、中控防盗系统检修、电动门窗系统检修、车载网络系统检修、舒适性系统检修、汽车电路图识读。

本教材不仅可作为高等职业院校三年制汽车检测与维修专业的教材，也可作为两年制同类专业及中等职业学校同类专业课程的教材；另外，维修企业可选用此教材对技术人员进行培训，也可供汽车维修技术人员参考。

本教材由杜子文担任主编，并对全书进行组织、策划、统稿；张义、李跃华担任副主编。

在本教材的编写过程中，参考了相关的著作和文献资料，在此一并向相关作者和文献资料的提供者表示真诚的感谢。

本教材有配套电子教案，选用《汽车电路与电气系统构造与检修》作为授课教材的院校和老师，可电话索取。

由于编者水平有限，加之时间仓促，书中不足之处在所难免，敬请读者批评指正。

编　者

2016 年 1 月

目　录

学习项目一　汽车电气设备总体构造认知 ···1

　　工作任务　汽车电气设备总体构造认知 ·······································1

学习项目二　电源系统检修 ··9

　　工作任务一　蓄电池性能检测 ···9

　　工作任务二　发电机检修 ··19

　　工作任务三　充电电路检修 ···32

学习项目三　启动系统检修 ··40

　　工作任务一　启动机检修 ···40

　　工作任务二　启动电路检修 ···55

学习项目四　照明与信号系统检修 ···66

　　工作任务一　照明系统检修 ···66

　　工作任务二　信号系统检修 ···90

学习项目五　组合仪表系统检修 ···99

　　工作任务一　组合仪表检查 ···99

　　工作任务二　车速表不动作检修 ···110

学习项目六　雨刮及洗涤系统检修 ··117

　　工作任务一　雨刮系统检修 ··117

　　工作任务二　洗涤系统检修 ··128

学习项目七　乘员安全防护系统检修 ··134

　　工作任务一　安全带检修 ··134

　　工作任务二　安全气囊检修 ··143

学习项目八　中控防盗系统检修 ··155

　　工作任务一　中控门锁检修 ··155

　　工作任务二　遥控系统检修 ··167

　　工作任务三　防启动钥匙系统检修 ···177

学习项目九　电动门窗系统检修 ··189

　　工作任务一　电动车窗检修 ··189

　　工作任务二　电动天窗检修 ··205

学习项目十　车载网络系统检修 ··· 213
　　工作任务　车载网络系统认知 ··· 213
学习项目十一　舒适性系统检修 ··· 234
　　工作任务一　电动座椅检修 ··· 234
　　工作任务二　电动后视镜检修 ··· 243
学习项目十二　汽车电路图识读 ··· 250
　　工作任务一　大众汽车电路图识读 ··· 250
　　工作任务二　丰田汽车电路图识读 ··· 256
参考文献 ··· 262

学习项目一　汽车电气设备总体构造认知

本学习项目主要学习汽车电气设备总体构造认知，有一个工作任务：汽车电气设备总体构造认知。通过这个工作任务的学习，使学生对汽车电气设备总体构造有初步的认知，为后续的学习奠定基础。

工作任务　汽车电气设备总体构造认知

■任务情境

一、任务描述

一辆丰田卡罗拉轿车，因为下暴雨而进水了，需要对全车电气设备做检查。你能完成这个检修任务吗？

二、任务提示

为了让汽车能正常使用且乘坐舒适，车上装设了各种各样的电气设备，电气设备可以根据其用途或归属的系统进行检查，也可以根据其安装的位置进行检查。

■任务目标

一、知识目标

（1）能够描述汽车电气设备的作用、发展、类型和特点。
（2）能够描述汽车电气设备的组成。

二、能力目标

能够认识汽车电气设备的位置和功能。

■必备知识

一、基本知识

（一）汽车电气设备的作用

汽车电气设备是汽车的重要组成部分，用于汽车的发动机启动、点火、照明、灯光信号及仪表等装置。随着人们对车辆舒适性要求的提高，汽车电气设备的种类越来越多，功能也越来越强大。

（二）汽车电气设备的发展

汽车问世以来，在很长一段时间内其技术发展主要表现在机械领域。随着电子技术的进步，电子技术在汽车上的应用和发展代表了汽车技术发展的主流和趋势。

20 世纪 50 年代以前，汽车电气设备在汽车上的应用较少，只是一些必要的电源和用电设备。

20 世纪 60 年代以后，汽车电气设备的主要标志是交流发电机。交流发电机采用二极管整流技术，将交流电变为直流电，降低了发电机的质量和体积，提高了发电机的可靠性。

进入 20 世纪 70 年代以后，电子技术应用于点火系统中，出现了电子控制高能点火系统。点火提前的电子控制系统，使点火能量大大提高，点火提前的控制更加精确，提高了汽车的动力性，降低了汽车的排放污染。

20 世纪 80 年代以后，汽车用的电子装置越来越多，如驾驶辅助系统、安全警报装置、通信、娱乐装置等。特别是微机技术的发展，给汽车电子控制技术带来了一场技术革命。

进入 21 世纪后，电子控制系统已在汽车上普遍应用，并且向着网络化、智能化的方向快速发展，使得汽车的性能得到了大幅度的提高。

（三）汽车电气设备的类型

汽车的电气设备种类和数量很多，大致分为三大部分：电源、用电设备、全车线路及配电装置。

1. 电　源

汽车上的电源有两个：蓄电池和发电机。发动机不工作时由蓄电池供电；发动机启动后，由发电机供电。发电机向用电设备供电的同时，也向蓄电池充电。

2. 用电设备

用电设备主要有启动系统、照明系统、信号装置、仪表和报警装置、空调系统、娱乐和信息系统等。

3. 全车电路及配电装置

全车电路及配电装置包括中央接线盒、保险装置、继电器、电线束及插接件、电路开关等，使全车电路构成一个统一的整体。

（四）汽车电气设备的特点

汽车电气设备的设计一般都遵循一定的规律，均具有以下特点：

（1）采用直流电源：蓄电池为直流电源。

（2）采用低压电源：汽车电气系统的额定电压有 12 V 和 24 V 两种，目前汽油机普遍采用 12 V 电源，重型柴油车多采用 24 V 电源。

（3）用电设备并联：汽车上的用电设备之间都采用并联的方式，每个用电设备均由各支路的专用开关控制，互不干扰。

（4）采用单线制：汽车上所有的用电设备都是并联的，可以用汽车的金属机体作为一条公共导线，作搭铁线使用，线路简单。

（5）负极搭铁：按照国际通行的做法和我国国家标准《汽车拖拉机用电气设备基本技术条件》（JB 2261—77）的规定，汽车电气系统一定为负极搭铁。

（6）各用电设备前均装有保险装置：保险丝、易熔线等。

（7）汽车线路有颜色和编号：汽车所有低压线必须选用不同颜色的单色、双色甚至多色线，并在其上标号，编号由厂家统一编定。

二、基本技能

汽车电气设备的认识

1. 准备工作

（1）防护装备：工作服；工作帽；手套；劳保鞋。

（2）车辆、台架、总成：卡罗拉整车。

（3）辅助材料：翼子板布和前格栅布、三件套、抹布、手套、白板笔等。

2. 实施步骤

提示：汽车装备的电气设备种类繁多，由于发动机和底盘相关的电气设备已经在发动机和底盘教材中介绍，本教材只介绍主要的车身电气设备。

请根据以下顺序认识车辆的电气设备。

（1）电源系统：包括蓄电池和发电机，如图 1-1-1、图 1-1-2 所示。

图 1-1-1　蓄电池　　　　　　　　　图 1-1-2　发电机

（2）启动系统：包括点火开关、启动机等，如图 1-1-3、图 1-1-4 所示。

图 1-1-3　点火开关　　　　　　　　图 1-1-4　启动机

（3）照明与信号系统：包括外部照明、内部照明及信号系统等，如图1-1-5、图1-1-6、图1-1-7所示。

（4）组合仪表系统：包括组合仪表内的各种仪表和指示灯，如图1-1-8所示。

图1-1-5　外部照明（前照灯总成）

图1-1-6　内部照明（阅读灯）

图1-1-7　信号系统（信号转向灯）

图1-1-8　组合仪表

（5）雨刮及洗涤系统：包括风窗玻璃雨刮、前大灯刮水器、风窗玻璃洗涤器，如图1-1-9、图1-1-10、图1-1-11所示。

图1-1-9　风窗玻璃雨刮

图1-1-10　前大灯刮水器

图1-1-11　风窗玻璃洗涤器

（6）乘员安全防护系统：包括预紧式安全带、安全气囊，如图1-1-12、图1-1-13所示。

图1-1-12 安全带及锁扣

（7）中控防盗系统：包括中央门锁、遥控系统、防启动钥匙系统，如图1-1-14、图1-1-15、图1-1-16所示。

图1-1-13 安全气囊（驾驶侧）　　　　　图1-1-14 门锁控制开关

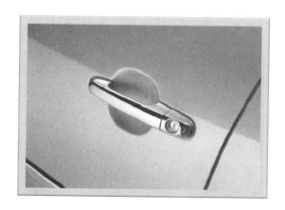

图1-1-15 门锁钥匙控制开关（外把手总成）　　图1-1-16 带遥控和防启动系统的钥匙

（8）电动车窗/天窗：包括电动车窗、电动天窗，如图1-1-17、图1-1-18、图1-1-19、图1-1-20所示。

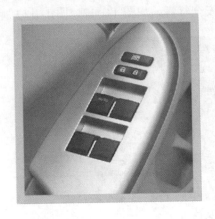

图 1-1-17　电动车窗开关

图 1-1-18　带防夹功能的电动车窗

图 1-1-19　电动天窗前后调节开关

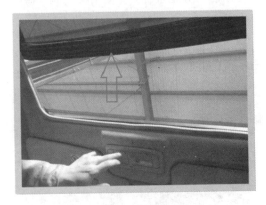

图 1-1-20　电动天窗（开启）

（9）空调系统：包括制冷系统、暖风系统以及配套的送风系统和控制系统，如图 1-1-21 所示。

（10）车载网络系统：连接各控制模块的车载局域网络系统。如图 1-1-22 所示为局域网络的诊断接口（OBD）。

图 1-1-21　空调控制面板

图 1-1-22　OBD 诊断接口

（11）舒适性系统：包括电动座椅、电动后视镜等，如图 1-1-23、图 1-1-24 所示。

图 1-1-23 电动座椅

图 1-1-24 电动后视镜

（12）其他电气设备：如点烟器、喇叭、导航、影音系统等，如图 1-1-25 所示。

图 1-1-25 导航系统

三、学习小结

（1）汽车电气设备用于汽车的发动机启动、点火、照明、灯光信号及仪表等装置。随着人们对车辆舒适性要求的提高，汽车电气设备种类也越来越多。

（2）汽车电气设备的发展。

（3）汽车电气设备的类型分为三大部分：电源、用电设备、全车线路及配电装置。

（4）汽车电气设备的设计一般都遵循一定的规律。

（5）汽车电气设备的认识，如电源系统、启动系统等。

四、任务分析

汽车电气设备种类很多，但操作使用大同小异，可以按车辆使用说明书进行。

检查时可以按系统进行，也可以按电气的安装位置进行。

五、自我评估

1. 填空题

（1）汽车电气设备用于汽车的发动机、_____、_____、_____、_____及仪表等装置。

（2）汽车电子控制系统向着_____、_____的方向快速发展。

（3）汽车的电气设备大致分为三大部分：_____、_____、全车线路及配电装置。

2. 判断题

（1）蓄电池为直流电源。（　　　）

（2）汽车上的用电设备之间都采用串联的方式。（　　　）

（3）汽车的用电设备采用单线制，用汽车的金属机体作为公用的搭铁线。（　　　）

（4）按照国际通行的做法和我国国家标准，汽车电气系统一定为负极搭铁。（　　　）

（5）汽车的电源系统包括蓄电池和发电机。（　　　）

学习项目二　电源系统检修

　　本学习项目主要学习汽车电源系统的组成、性能测试和检修，分为三个工作任务：任务一——蓄电池性能检测；任务二——发电机检修；任务三——充电电路检修。通过三个工作任务的学习，掌握电源系统的组成，能够实现在实体车上进行电源系统的检修。

工作任务一　蓄电池性能检测

■ 任务情境

一、任务描述

　　有一辆丰田卡罗拉轿车，车主反映早上起来发动汽车时，只听到启动机带动发动机缓慢旋转，发动机不能正常工作。你能完成这个检修任务吗？

二、任务提示

　　根据故障现象，可能是出现了蓄电池亏电，已经不能满足汽车启动需要，需要更换蓄电池。

■ 任务目标

一、知识目标

（1）能够描述蓄电池的作用和结构。
（2）能够描述蓄电池的性能指标。
（3）能够描述蓄电池的型号。

二、能力目标

（1）能够用万用表检测蓄电池端电压。
（2）能够进行蓄电池性能检测。

必备知识

一、基本知识

（一）电源系统概述

汽车上采用的电源主要有两个：一个是蓄电池，如图 2-1-1 所示；另一个是发电机，如图 2-1-2 所示。

图 2-1-1　蓄电池实物图

图 2-1-2　交流发电机实物图

蓄电池是一种将化学能转变为电能的装置。用于汽车上的蓄电池不仅必须满足启动发动机的需求，即在短时间内为汽车启动机提供足够大的电流；同时，还能为汽车上其他用电设备提供电能。根据使用的电解液的不同，蓄电池分为酸性和碱性蓄电池。铅酸蓄电池结构简单，价格低廉，易于满足汽车电气设备用电的需要，同时其内阻小，启动性能好，因此在汽车上得到广泛应用。

交流发电机是汽车的主要电源，其主要任务是对除启动机以外的所有用电设备供电，并向蓄电池充电。发电机有交流发电机和直流发电机两种，汽车上曾采用换向式直流发电机。随着半导体整流技术的出现，汽车用交流发电机随之发展起来。汽车用交流发电机主要有硅整流交流发电机、感应子式交流发电机等。其中硅整流交流发电机应用最为普遍，目前已取代了传统的直流发电机。

（二）蓄电池

目前，轿车上使用的蓄电池主要有普通铅酸蓄电池和免维护蓄电池两种。

1. 普通铅酸蓄电池的结构

铅酸蓄电池是在盛有稀硫酸的容器中插入两组极板而构成的电能储存器。容器一般分为 6 格，每格都装有电解液，正负极板组浸入电解液中成为单格电池。每个单格电池充满电时的标称电压为 2.1 V，6 格串联起来成为 12.6 V 蓄电池。

铅酸蓄电池由极板、隔板、外壳、电解液等部分组成，如图 2-1-3 所示。

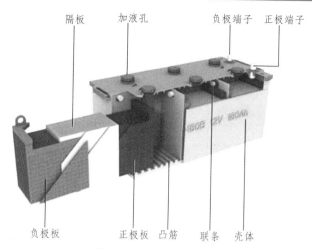

图 2-1-3　蓄电池结构图

1）极　板

极板是蓄电池的基本部件,用于接收充入的电能和向外释放电能。极板分为正极板和负极板两种。正极板上的活性物质是二氧化铝,呈棕红色;负极板上的活性物质是海绵状纯铅,呈青灰色。正、负极板上的活性物质分别填充在铅锑合金铸成的栅架上。

通过极板上活性物质与电解液中硫酸的化学反应实现蓄电池在充电与放电过程中电能和化学能之间的相互转换。

2）隔　板

为了避免正负极板相互接触而短路,正负极板之间采用绝缘的隔板隔开。隔板材料具有多孔性结构,以使电解液自由渗透,而且它的化学性能稳定,具有良好的耐酸性和抗氧化性。常见的隔板材料有木材、微孔橡胶、微孔塑料、玻璃纤维纸浆和玻璃丝棉等几类。

成形隔板的一面有特制的沟槽。安装时,应将带沟槽的一面竖直朝向正极板。

3）电解液

铅酸蓄电池的电解液由密度为 1.84 g/cm^3 的纯硫酸和蒸馏水配制而成,密度一般为 1.24 ～ 1.31 g/cm^3,使用时根据当地最低气温或制造厂的要求进行选择。

4）外　壳

蓄电池外壳为一整体式结构的容器,极板、隔板和电解液均装入外壳内。

5）其他零部件

（1）铅连接条,如图 2-1-4 所示。

（2）加注孔盖,如图 2-1-5 所示。

加注孔盖采用橡胶或塑料制成,旋在蓄电池盖的加注孔内。加注孔盖上设有通气孔,下端有特制的隔板,其作用是将通气孔与单格上面的空间部分隔开,以防汽车颠簸时,电解液从通气孔溅出。

加注孔盖上的通气孔应经常保持畅通,使蓄电池内部的 H_2 与 O_2 排出,以防蓄电池过早损坏或爆炸。若在孔盖上安装一个过滤器,还可以避免水蒸气逸出,减少水的消耗。

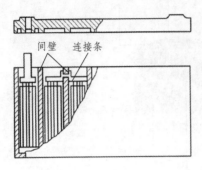

图 2-1-4　单格电池间的穿壁焊示意图　　　　图 2-1-5　加注孔盖的蓄电池

2. 免维护蓄电池

免维护铅蓄电池又称 MF 蓄电池，结构组成和普通蓄电池结构相同，不同之处主要是制造工艺上得到改善，外观上没有普通蓄电池的加液盖，如图 2-1-6 所示。免维护蓄电池主要有以下特点：

图 2-1-6　免维护蓄电池

1）使用中不需要加水

传统蓄电池采用铅锑合金制造，栅架上的锑会污染负极板上的海绵状纯铅，减弱了完全充电后蓄电池内的反电动势，造成水的过度分解，大量氧气和氢气分别从正负极板上逸出，使电解液减少，在使用过程中会发生减液现象。免维护蓄电池采用铅钙合金制造，用钙代替锑，并且采用袋式隔板将极板完全包住，从而改变完全充电后蓄电池的反电动势，减少过充电流，液体分解速度降低，从而降低了电解液的损失。

免维护蓄电池因其在正常充电电压下，电解液仅产生少量的气体，极板有很强的抗过充电能力，而且具有内阻小、低温启动性能好等特点，因而在整个使用过程中不需添加蒸馏水。

2）启动性能好

免维护蓄电池由于单格电池之间采用了穿壁式连接，缩短了电路的连接长度，减小了内阻，可以使连接条上的功率损失减少 80%，放电电压提高 0.15～0.4 V，因此与普通蓄电池相比具有较好的启动性能。

3）接线柱腐蚀较小

免维护蓄电池设有新型安全通气装置，不仅能将酸气保留在单格电池内部，而且能够预防火花或火焰进入蓄电池。该种电池不但可以减少或避免由外部原因引起的蓄电池爆炸，而且能够保持蓄电池盖顶部的干燥，从而减少了接线柱的腐蚀，保证电气线路连接牢固可靠。

4）自放电少，寿命长

免维护蓄电池的正常使用寿命为 4 年，比普通蓄电池提高了一倍。

3. 铅酸蓄电池的型号

按《铅酸蓄电池名称、型号编制与命名办法》（JB/T 2599—2012）规定，国产铅蓄电池的型号分为三段，其排列及其含义如图 2-1-7 所示。

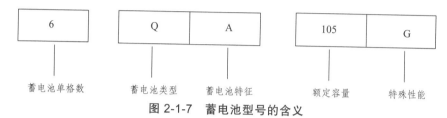

图 2-1-7 蓄电池型号的含义

第 1 部分表示串联的单格电池数，用阿拉伯数字组成，其标准电压是这个数字的 2 倍。

第 2 部分表示蓄电池的类型和特征，如表 2-1-1 所示，用汉语拼音字母表示。其中前一部分字母表示蓄电池的类型，如"Q"表示启动用铅蓄电池；后一部分为蓄电池的特征代号，如"A"表示干荷电式。

表 2-1-1 蓄电池的特征

特征代号	蓄电池特征	特征代号	蓄电池特征	特征代号	蓄电池特征
A	干电荷	J	胶体电解液	D	带液式
H	湿电荷	M	密闭式	Y	液密式
W	免维护	B	半密闭式	Q	气密式
S	少维护	F	防酸式	I	激活式

第 3 部分表示蓄电池的额定容量，单位为安培小时数（A·h）。

此外，部分蓄电池在额定容量后面用一个字母表示其具有的特殊性能，如：Q—高启动率；S—塑料槽；D—低温启动性能好；G—薄型极板的高启动率电池。

例如，6-QAW-100，表示由 6 个单格电池组成，额定电压为 12 V，额定容量为 100 A·h 的启动用干荷电免维护蓄电池。

4. 铅酸蓄电池的容量

1）额定容量

额定容量是指完全充足电的蓄电池，在电解液平均温度为 25 ℃ 的情况下，以 20 h 率放电的电流，连续放电至单格电压降为 1.75 V 时所输出的电量。

例如：3-Q-90 型蓄电池，在电解液平均温度为 25 ℃ 的情况下，以 4.5 A 放电电流连续放电 20 小时后，单格电压降为 1.75 V，它的额定容量 $Q = 4.5 \times 20 = 90$（A·h）。

2）启动容量

启动容量表示蓄电池接启动机时的供电能力，有常温和低温两种启动容量。

（1）常温启动容量。

常温启动容量是指当电解液温度为 25 ℃ 时，以 5 min 率放电的电流（3 倍额定容量电流）放电，放电持续时间 5 min 以上，连续放电至规定的终止电压时输出的电量。

例如：3-Q-90 型蓄电池，在电解液平均温度为 25 ℃ 的情况下，以 270 A 放电电流放电 5 min 后，电池的端电压降为 4.5 V，其启动容量 $Q = 270 \times 5/60 = 22.5$（A·h）。

（2）低温启动容量。

低温启动容量是指电解液温度为 –18 ℃ 时，以 3 倍额定容量电流放电，持续时间 2.5 min 以上，连续放电至规定的终止电压时输出的电量。

二、基本技能

蓄电池的性能检测

1．准备工作

（1）防护装备：工作服、工作帽、手套、劳保鞋。

（2）车辆、台架、总成：卡罗拉整车。

（3）检测设备：万用表、智能蓄电池测试仪。

（4）手工工具：拆装工具一套。

（5）辅助材料：翼子板布和前格栅布、三件套、抹布、手套、白板笔等。

2．蓄电池端电压测试

蓄电池端电压测试是车间用来判断蓄电池是否亏电的常用方法，一个充满电的蓄电池，理论电压为 12.6 V，夏天蓄电池放电超过额定容量的 50% 就需要充电（即蓄电池电压低于 12.2 V 需充电），冬天蓄电池放电超过额定容量的 25% 就需要充电（即蓄电池电压低于 12.4 V 需充电）。

测试步骤如下：

（1）外观检查蓄电池。

外观检查蓄电池如图 2-1-8 所示，检查蓄电池极桩处有无腐蚀；蓄电池电解液有无渗漏；摇晃蓄电池有无松动。发现异常应维修或更换。

图 2-1-8　外观检查蓄电池

注意：在检查过程中，避免手接触到极桩的腐蚀物和渗漏的电解液。

（2）打开点火钥匙。

（3）打开大灯或者鼓风机风速调到最大工作 30 s 左右。

（4）关闭点火钥匙，关闭汽车上所有的用电设备。

（5）检查万用表，然后调至直流电压 20 V 挡位。

（6）万用表红色表笔连接至蓄电池正极，黑色表笔连接至蓄电池负极，然后观察万用表的读数并记录数据。

理论电压：12.6 V。夏天低于 12.2 V 需充电，冬天低于 12.4 V 需充电。用万用表检查蓄电池如图 2-1-9 所示。

3. 蓄电池冷启动电流测试

在启动发动机时由蓄电池向启动机供电，如果蓄电池不能满足启动需要，就需要更换蓄电池。为了满足汽车启动需要，蓄电池必须满足冷启动测试和启动电压测试，为了延长蓄电池的使用寿命，建议使用蓄电池智能测试检测。

（1）关闭汽车所有用电设备。

（2）读取蓄电池的相关信息，如图 2-1-10 所示，记录蓄电池上的额定容量、冷启动电流。

| 图 2-1-9 万用表检查蓄电池 | 图 2-1-10 读取蓄电池信息 |

（3）测试仪连接蓄电池极桩，如图 2-1-11 所示，蓄电池测试仪红色夹子连接在蓄电池正极，黑色夹子连接至蓄电池负极。

（4）选择蓄电池测试内容，如图 2-1-12 所示，测试内容选择"蓄电池"，按"ENTER"选择"标准选择"，选择蓄电池测试标准范围。

（5）按"ENTER"，选择"冷启动电流选择"，调节至蓄电池上的参考值。

（6）蓄电池测试仪检查蓄电池，如图 2-1-13 所示，按"ENTER"，选择"蓄电池测试"，再按"ENTER"进行测试，屏幕会显示测试结果。

图 2-1-11　测试仪连接蓄电池极桩　　　　图 2-1-12　选择蓄电池测试内容

图 2-1-13　蓄电池测试仪检查蓄电池

4. 启动电压测试

（1）关闭汽车所有用电设备。

（2）蓄电池测试仪红色夹子连接在蓄电池正极，黑色夹子连接至蓄电池负极。

（3）启动电压测试，如图 2-1-14 所示，进入主界面选择"启动机系统"，按"ENTER"进入测试界面，启动发动机，测试仪会自动记录启动时蓄电池的最低电压，并记录测试结果。

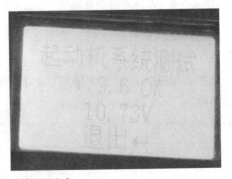

图 2-1-14　启动电压测试

三、知识拓展

影响容量的因素

1. 放电电流

放电电流过大时，化学反应作用于极板表面，电解液来不及渗入极板内部，就已被表面生成的硫酸铅堵塞，致使极板内部大量的活性物质不能参与化学反应，蓄电池的容量降低，如图 2-1-15 所示。

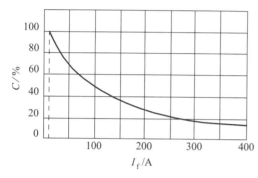

图 2-1-15　放电电流对蓄电池容量的影响　　图 2-1-16　电解液温度对蓄电池容量的影响

2. 电解液的温度

电解液温度较低时，电解液的黏度增大，致使渗透能力下降，造成容量降低。此外，温度越低，电解液的溶解度与电离度也越低，加剧了容量的下降，如图 2-1-16 所示。

3. 电解液的密度

适当增加电解液的密度，可减小内阻，有利于提高电解液的渗透能力，使蓄电池的容量增加。但密度较高时，由于电解液的黏度增加使内阻增加，引起渗透能力降低从而导致容量下降。此外，电解液密度较高时，易造成极板硫化而导致容量下降，如图 2-1-17 所示。

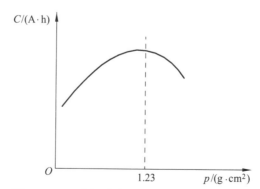

图 2-1-17　电解液密度对蓄电池容量的影响

4. 极板的构造

极板的面积大，能参与电化学反应的活性物质就多，故其容量也越大；采用薄型极板、增加极板的片数以及提高活性物质的孔率等方法，都有利于提高蓄电池的容量。

四、学习小结

（1）汽车上采用的电源主要有两种：一种是蓄电池，另一种是发电机。

（2）蓄电池的结构由正负极板、隔板、电解液、极桩等组成。

（3）国产蓄电池的型号的识读。

（4）蓄电池的容量有额定容量和启动容量。

（5）蓄电池常见测试方法有端电压测试、冷启动测试和启动电压测试。

五、任务分析

启动后运转缓慢，最可能的原因是蓄电池亏电。如果蓄电池性能正常，只要按要求充电即可；如果蓄电池损坏，则必须更换。

六、自我评估

1. 填空题

（1）汽车上电源包括发电机和_____。

（2）蓄电池的结构由_____、_____、_____、_____、正负接线柱等组成。

2. 选择题

（1）免维护蓄电池没有（　　）。

    A. 正负极板　　　　　　　　B. 隔板

    C. 电解液　　　　　　　　　D. 加液盖

（2）蓄电池标有 6-QAW-100，其中"100"表示（　　）。

    A. 额定容量　　　　　　　　B. 启动容量

    C. 冷启动容量　　　　　　　D. 以上都不对

（3）一个 12 V 蓄电池由（　　）单格电池组成。

    A. 3　　　　　　　　　　　　B. 4

    C. 5　　　　　　　　　　　　D. 6

工作任务二　发电机检修

◤任务情境

一、任务描述

一辆卡罗拉轿车因发电机不发电进厂报修。你的主管让你分解发电机进行检修，你能完成这个任务吗？

二、任务提示

发电机不发电，除了检查电路外，需要对发电机进行解体检修。

◤任务目标

一、知识目标

（1）能描述硅整流发电机的组成。
（2）能描述硅整流发电机的工作原理。

二、能力目标

能进行卡罗拉发电机的解体检测。

◤必备知识

一、基本知识

（一）交流发电机

带有电刷的交流发电机（下面简称交流发电机）主要由定子总成、转子总成、电刷、整流二极管、前后端盖、调节器、风扇及带轮等组成，如图 2-2-1 所示。

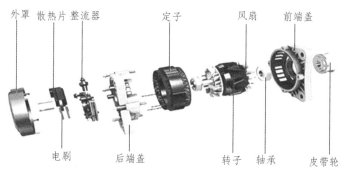

图 2-2-1　交流发电机结构图

1. 转子总成

交流发电机的转子总成是发电机的磁场部分，它主要由两块磁爪、励磁绕组、滑环及转子轴等组成，如图 2-2-2 所示。

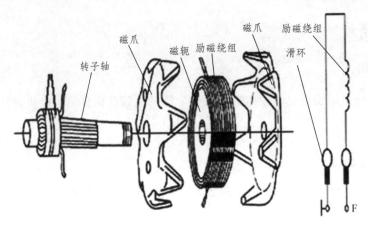

图 2-2-2　转子总成结构图

两块磁爪被压装在转子轴上，且内腔装有磁轭，其上绕有励磁绕组。绕组两端的引线分别焊在与轴绝缘的两个滑环上。两个电刷装在与端盖绝缘的电刷架内，通过弹簧力使其与滑环保持接触。

当发电机工作时，两电刷与直流电源连通，可为励磁绕组提供定向电流并产生轴向磁通，使两块磁爪被分别磁化为 N 极和 S 极，从而形成犬牙交错的磁极对并沿圆周方向均匀分布。磁爪凸线的外形像鸟嘴，这种形状可以使定子感应的交流电动势近似于正弦波形，转子每转一周，定子的每条电路上就能产生周波个数等于磁极对数的交流电动势。磁极对数一般为 4 ～ 7 对，国产发电机大多采用 6 对磁极。

2. 定子总成

定子总成（见图 2-2-3）是产生和输出交流电的部件，又称为电枢，由定子铁心和定子绕组组成。定子铁心由相互绝缘的内圆带槽的环状硅钢片叠成。定子槽内置有三相对称绕组，三相绕组大多数采用 Y 形（星形）连接，如图 2-2-4 所示。

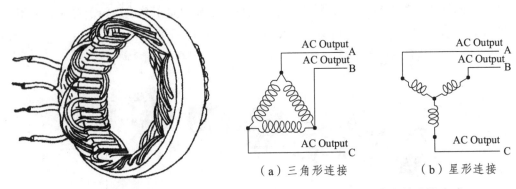

图 2-2-3　定子总成　　　　图 2-2-4　定子绕组的连接方式

3. 整流器

交流发电机的整流器一般由 6 只硅二极管组成，技术发展之后又生产了 9 管发电机，增加了 3 个小功率的磁场二极管。外壳为正极、中心引线为负极的二极管，称为负极管；外壳为负极、中心引线为正极的二极管，称为正极管，如图 2-2-5 所示。

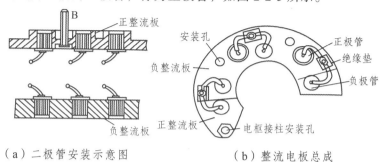

（a）二极管安装示意图　　　　　　（b）整流电板总成

图 2-2-5　整流板及二极管的安装

安装二极管的散热板称为整流板（也称元件板），通常用合金制成以利散热。现代汽车用交流发电机都有两块整流板，安装 3 只正极管的整流板（装在外侧）称为正整流板，安装 3 只负极管的整流板（装在内侧）称为负整流板，两块板绝缘地安装在一起，它与后端盖用尼龙或其他绝缘材料制成的垫片隔开且固定在后端盖上。

安装在正整流板上并与之绝缘的 3 个接线柱分别固定正、负极管子的引线和来自三相绕组某一相的端头，与正整流板连接在一起的螺栓引至后端盖外部作为发电机的电源输出端，并标记为"B"。

4. 端盖与电刷总成

端盖包括驱动端盖、整流端盖以及安装在其上的轴承、轴承盖等零部件。由于铝合金为非导磁材料，可减少漏磁并具有轻便、散热性能良好等优点，所以端盖由铝合金制成。为了提高轴承孔的机械强度，增加其耐磨性，在部分发电机端盖的轴承座内镶有铜套。

后端盖装有电刷架，两个电刷分别装在电刷架的孔内，借弹簧压力与滑环保持接触。国产交流发电机的电刷架有两种结构形式：一种电刷架可直接从发电机外部进行拆装，如图 2-2-6（a）所示；另一种则不能直接在发电机外部进行拆装，如图 2-2-6（b）所示，若需要更换电刷，必须将发电机拆开。

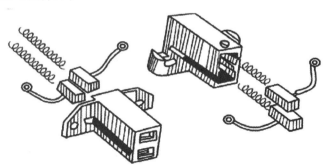

（a）能从外部拆除　　　　　　（b）不能从外部拆除

图 2-2-6　电刷架的结构图

5. 电压调节器

电压调节器主要是用于发电机转速变化时，控制发电机的输出电压，使其保持恒定。发电机的输出电压经过调节之后稳定在 13.8 ~ 14.5 V。

电压调节器按工作原理的不同可分为触点式电压调节器、晶体管调节器、集成电路调节器和计算机控制调节器。

（1）触点式电压调节器。

这种调节器触点振动频率慢，存在机械惯性和电磁惯性，电压调节精度低，触点易产生火花，对无线电干扰大，可靠性差，寿命短，现已被淘汰。

（2）晶体管调节器。

随着半导体技术的发展，开始采用晶体管调节器。其优点是：三极管的开关频率高，且不产生火花，调节精度高，还具有质量轻、体积小、寿命长、可靠性高、电波干扰小等优点，现一般应用于东风、解放及多种中低档车型。

（3）集成电路调节器。

集成电路调节器除具有晶体管调节器的优点外，还具有超小型的优点，可安装于发电机的内部（又称内装式调节器），减少了外接线，并且使冷却效果得到了改善，一般应用于夏利、桑塔纳等轿车上。

（4）计算机控制调节器。

计算机控制调节器是现在轿车采用的一种新型调节器。由电负载检测仪测量系统总负载后，向发电机计算机发送信号，然后由发动机计算机控制发电机电压调节器，适时地接通和断开磁场电路，即能可靠地保证电器系统正常工作，又能减轻发动机负荷，提高燃料经济性，如上海别克轿车发电机上使用了这种调节器。

（二）交流发电机的工作原理

1. 交流电动势的产生

交流发电机工作原理如图 2-2-7 所示。交流发电机定子的三相绕组按一定规律排列在发电机的定子槽内，依次相差 120°电角度。当励磁绕组接通直流电源时即被激励，转子的磁爪被磁化为 N 极和 S 极。其磁力线由 N 极出发，穿过转子与定子之间很小的气隙进入定子铁心，最后又通过气隙回到相邻的 S 极。

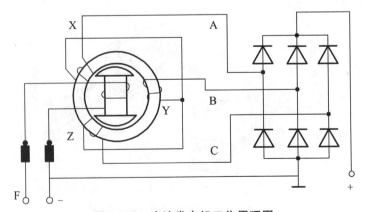

图 2-2-7　交流发电机工作原理图

当转子旋转时，由于定子绕组与磁力线有相对的切割运动，所以在三相绕组中产生频率相同、幅值相等、相位相差 120°的正弦电动势 e_A、e_B、e_C，如图 2-2-8 所示。使用中的交流发电机，其交变电动势的有效值取决于转速和转子的磁通量，这一性质将直接决定交流发电机的输出电压值。

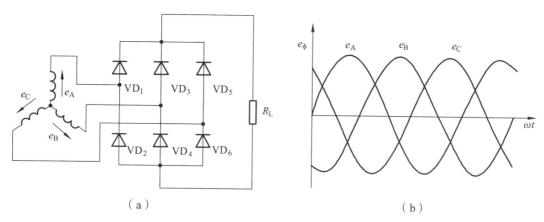

图 2-2-8　交流发电机电路及波形图

2. 发电机的整流原理

交流发电机以硅二极管电路为整流器，将交流电变成直流电，如图 2-2-9 所示。整流器中 6 个硅二极管分为正、负二极管。任一瞬间，正二极管中哪一相绕组的电压最高（即正极电位最高），则与该相绕组相连的二极管导通。同时，负二极管中哪一相绕组的电压最低（即负极电位最低），则与该相绕组相连的二极管导通。如此不断循环，输出较平稳的脉冲直流电压。

线路中装一只整流管时，只能让单一方向的电流通过，反方向则不能通过，称为半波整流；线路中装两只整流管时，正反方向的电流都能利用，称为全波整流。

利用二极管的单向导电性，整流器将三相交流电转变为直流电。在任一瞬间，VD_1、VD_3、VD_5 中正极电位最高者导通，同时 VD_2、VD_4、VD_6 中负极电位最低者导通，不断循环，在 R_L 两端得到较平稳的脉冲直流电压。

3. 电压调节的工作原理

电子式电压调节器的工作原理如图 2-2-10 所示，当发电机输出电压较低时，稳压管处于截止状态，放大器三极管处于截止状态；开关三极管 VT_1 基极得到一个高电位信号，三极管 VT_1 导通，电流经三极管集电极-发射极到发电机励磁绕组，发电机开始发电，并对外输出；当输出电压升高到调节器电压调整值时，使得稳压管击穿而导通，放大器三极管因基极得到偏置电压而导通，而开关三极管 VT_1 截止，切断了励磁电流。发电机因失去励磁电流而停止发电。此时作用在稳压管上的端电压便下降，使得放大器三极管截止，开关三极管 VT_1 导通，励磁绕组充电，发电机又开始发电。如此反复，使得发电机输出电压稳定在一定范围值。

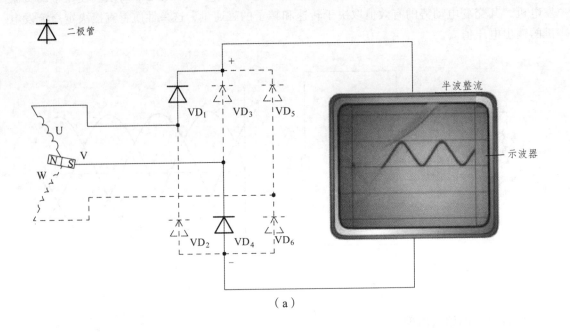

（a）

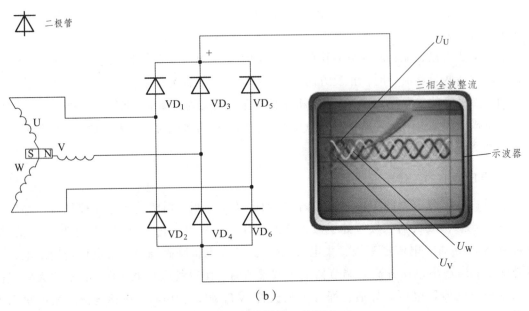

（b）

图 2-2-9　整流器的工作原理图

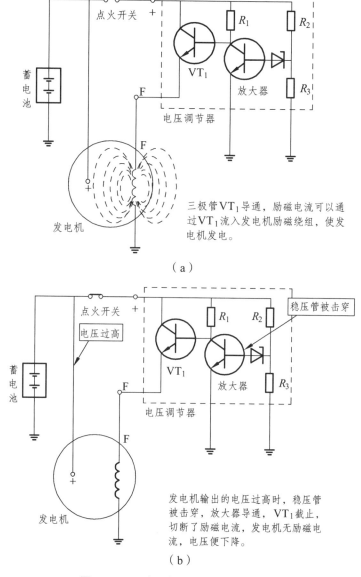

三极管VT₁导通，励磁电流可以通过VT₁流入发电机励磁绕组，使发电机发电。

（a）

发电机输出的电压过高时，稳压管被击穿，放大器导通，VT₁截止，切断了励磁电流，发电机无励磁电流，电压便下降。

（b）

图 2-2-10 电子调压器的工作原理图

二、基本技能

发电机的解体检修

1. 准备工作

（1）防护装备：工作服；工作帽；手套；劳保鞋。

（2）车辆、台架、总成：卡罗拉发电机总成或其他车型发电机。

（3）车间设备：压力机。

（4）检测设备：万用表。

（5）测量工具：游标卡尺。

（6）专用工具：发电机线圈总成拆卸工具（09950-40011）、发电机线圈总成安装工具（0912-70100）。

（7）手工工具：拆装工具一套。

（8）辅助材料：翼子板布和前格栅布、三件套、抹布、手套、白板笔等。

2. 发电机的分解

（1）拆卸发电机后端盖，如图 2-2-11 所示，拆下 3 个螺母和发电机后端盖。

（2）拆卸发电机端子总成绝缘垫，如图 2-2-12 所示，从发电机线圈上拆下端子绝缘垫。

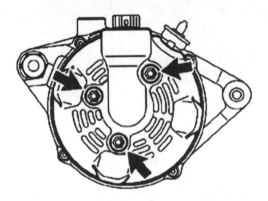

图 2-2-11　发电机后端盖的螺母位置　　　图 2-2-12　发电机端子总成绝缘垫的位置

（3）拆卸发电机电刷总成。

如图 2-2-13 所示，从发电机线圈上拆下 2 个螺钉和电刷架。

（4）拆卸发电机线圈总成固定螺栓，如图 2-2-14 所示，拆下 4 个螺栓。

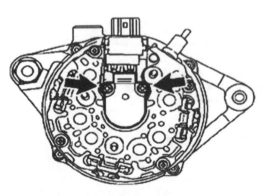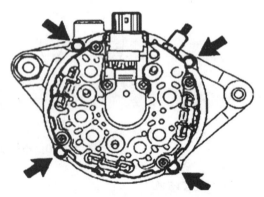

图 2-2-13　电刷架的螺钉位置　　　　　图 2-2-14　发电机总成固定螺栓位置

（5）拆卸发电机线圈总成。

如图 2-2-15 所示，使用发电机线圈总成拆装工具（09950-40011）拆卸。

2. 发电机的解体检测

（1）检查发电机电刷总成。

如图 2-2-16 所示，使用游标卡尺测量电刷的外露长度。

标准长度为 9.5～11.5 mm，低于 4.5 mm 时应更换电刷架总成。

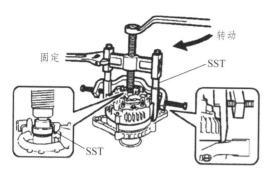

图 2-2-15　拆卸发电机线圈总成

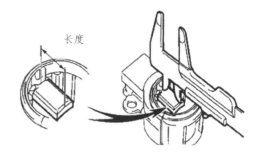

图 2-2-16　测量电刷外露长度

（2）检查发电机转子是否断路。

如图 2-2-17 所示，用万用表电阻挡测量滑环之间的电路。

在 20 ℃ 左右时标准值为 2.3 ～ 2.7 Ω，不在规定范围内更换发电机转子总成。

（3）检查转子是否搭铁短路

如图 2-2-18 所示，使用万用表电阻挡测量滑环和转子之间的电阻。

标准值应大于 1 MΩ，否则更换转子总成。

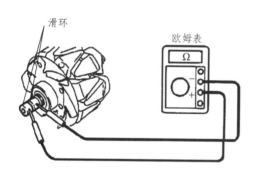

图 2-2-17　检查两个滑环电阻

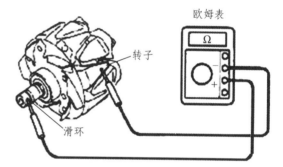

图 2-2-18　检查滑环和转子间的电阻

（4）测量滑环直径。

如图 2-2-19 所示，使用游标卡尺测量滑环直径。

标准值为 14.2 ～ 14.4 mm，不能低于最小值 14.0 mm，否则更换发电机转子总成。

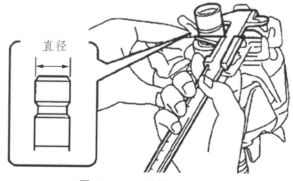

图 2-2-19　测量滑环直径

（5）检查发电机各轴承。

如图 2-2-20 所示，检查发电机总成轴承是否有粗糙和磨损，有则更换转子总成。

检查发电机端盖轴承是否有明显粗糙和磨损，有则更换向相应端盖。

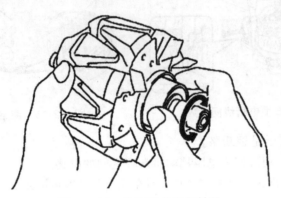

图 2-2-20　检查发电机各轴承

4．发电机的组装

（1）安装发电机线圈总成。

如图 2-2-21 所示，使用发电机线圈总成安装工具（0912-70100）和压力机，慢慢压入发电机线圈总成。

安装发电机线圈总成 4 个螺栓，力矩为 5.9 N·m。

（2）安装发电机电刷架总成。

如图 2-2-22 所示。

① 将 2 个电刷推入发电机电刷总成的同时，在电刷架孔中插入一个直径 1.0 mm 的销。

② 用 2 个螺钉将电刷架总成安装到发电机线圈上（力矩为 1.8 N·m）。

③ 将销从发电机电刷架中拔出。

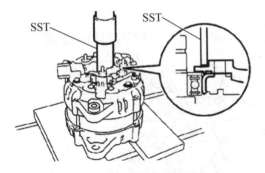

图 2-2-21　安装发电机线圈总成

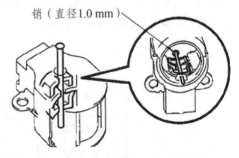

图 2-2-22　安装发电机电刷架

（3）安装发电机端子绝缘板。

如图 2-2-23 所示，将端子绝缘垫安装到发电机线圈上，注意安装方向。

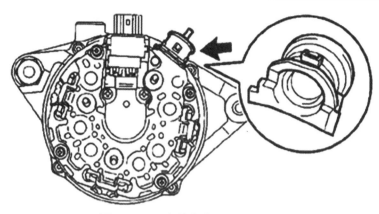

图 2-2-23　安装发电机端子绝缘板

（4）安装发电机后端盖。

用 3 个螺母将发电机后端盖安装到发电机线圈上，力矩为 4.6 N·m。

三、知识拓展

无刷交流发电机

汽车用无刷交流发电机是指无电刷、无滑环的交流发电机。

无刷交流发电机有爪极式、励磁机式、永磁式和感应子式四种，其中爪极和感应子式比较常见。

1. 爪极式无刷交流发电机

爪极式无刷交流发电机的结构与一般交流发电机大致相同，其不同之处在于励磁绕组是静止的，不随转子转动，所以绕组两端可直接引出，不需要滑环和电刷。

（1）爪极式无刷交流发电机的结构如图 2-2-24 所示。

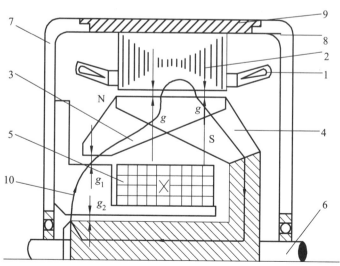

图 2-2-24　爪极式无刷交流发电机的结构图

1—定子绕组；2—定子铁心；3、4—爪型磁极；5—励磁绕组；6—转子轴；7、8—端盖；9—机座如图 2-2-24 所示，励磁绕组 5 安装在发电机中部的磁轭托架 10 上，磁轭托架用螺栓固定在端盖 7 上。尽管磁极 3、4 转动，励磁绕组并不转动。两爪极 3、4 中，只有爪极 4 固定在转子轴 6 上，另一爪极 3 则用非导磁材料将其与爪极 4 固定在一起。当带轮带动转子轴 6 旋转时，爪极 4 就带动另一爪极 3 一同在定子内转动。固定两爪极的常用方法有非导磁连接环固定法和铜焊接法。在爪极 3 的轴向制有大圆孔，磁轭托架 10 由此圆孔伸入爪极 3 和 4 的腔室内，磁轭托架 10 与爪极 3 以及转子磁轭之间均需留出附加间隙 g_1 和 g_2 以便转子转动。

（2）爪极式无刷交流发电机的优点：

没有电刷和滑环，不会由于电刷和滑环的磨损而接触不良，从而避免造成励磁不稳定或发电机不发电等故障；工作时不会产生火花，减少了无线电干扰。

（3）爪极式无刷交流发电机的缺点：

两块磁极间的连接工艺困难；主磁路中增加了两个附加气隙 g_1 和 g_2，要想获得同样大小（与有刷发电机相比）的输出功率，就必须加大励磁绕组的励磁能力；两个爪极之间连接的制造工艺比较困难。

2. 感应子式交流发电机

如图 2-2-25 所示，感应子式交流发电机由定子、转子、整流器和机壳组成。它的转子由齿轮状硅钢片铆成，其上设有若干个沿圆周均匀分布的齿形凸极、励磁绕组和电枢绕组。

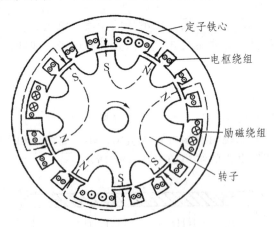

图 2-2-25　感应子式交流发电机的结构图

三、学习小结

（1）带有电刷的交流发电机主要由定子总成、转子总成、电刷、整流二极管、前后端盖、调节器、风扇及带轮等组成。

（2）带有电刷的发电机转子产生磁场，定子产生三相交流电，整流器是把定子产生的交流电变成直流电，电压调节器将发电机的输出电压恒定在 13.5 ～ 14.5 V。

（3）整流器按照二极管的数目可以分为 6 管式、8 管式、9 管式和 11 管式。

（4）调压器分为触点式调压器、电子晶体管式调压器、集成电路调压器和电脑控制调压器。

（5）卡罗拉发电机对转子总成线圈进行了短路、断路检查，对电刷架进行了磨损检测。

五、任务分析

本情境中,如果确认发电机总成故障,需要分解检查各部件是否故障,发现异常则修理或更换,如果故障严重,应更换发电机总成。

六、自我评估

1. 填空题

(1)交流发电机主要由_____、_____、电刷、整流二极管、前后端盖、_____、风扇及带轮等组成。

(2)电压调节器主要是用在发电机_____变化时,控制发电机的电压,使其保持恒定。

2. 判断题

(1)带有电刷的发电机定子为转子提供磁场。(   )

(2)整流器用来限制发电机的输出电压。(   )

(3)电压调节主要是控制定子绕组的电流大小。(   )

3. 选择题

(1)定子三相绕组大多数采用(   )绕组。

    A. 三角形   B. 星形

    C. 四边形   D. 以上都不正确

(2)电刷是给(   )部件供电。

    A. 整流器   B. 定子绕组

    C. 转子绕组   D. 以上都不正确

工作任务三　充电电路检修

■任务情境

一、任务描述

一辆丰田卡罗拉轿车在行驶中充电指示灯亮,你的主管把检修任务交给你,你能完成吗?

二、任务提示

充电指示灯亮,除了检查蓄电池和发电机外,应对充电电路进行检修。

■任务目标

一、知识目标

(1)能够描述充电系统的工作原理。
(2)能够描述卡罗拉充电系统的电路原理。

二、能力目标

能进行卡罗拉充电电路检测。

■必备知识

一、基本知识

充电系统的工作原理

充电系统主要由蓄电池、交流发电机及电压调节器、充电指示灯、点火开关等部分组成,充电系统的工作原理主要有三个阶段,如图 2-3-1 所示。

1. 未启动发动机时

在未启动发动机时,汽车上除启动系统外的所有用电设备均由蓄电池供电,为了提醒驾驶员节约蓄电池的电量,这时充电指示灯亮起。

2. 启动发动机时

在启动发动机时,发电机虽然在转动发电,但是由于发电机输出的电量未达到规定,不能满足向汽车用电设备供电的条件,这时主要还是由蓄电池向启动机和汽车其他用电设备供电,因此在启动瞬间能看到蓄电池充电指示灯亮。

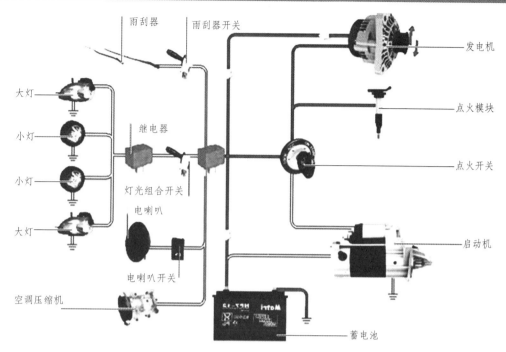

图 2-3-1 充电系统的工作原理图

3. 发动机正常运行时

在启动完成后，汽车上的用电设备由发电机供电，并向蓄电池充电。当蓄电池亏电严重时，由于蓄电池的端电压和发电机输出的电压差值过大，可能会在启动完成后几秒能看到充电指示灯亮，随着充电时间的延长，充电指示灯就应该熄灭。

二、基本技能

充电系统电路检修

当汽车在行驶中出现充电指示灯亮时，需要对充电系统电路检修，如图 2-3-2、图 2-3-3 所示分别是卡罗拉充电系统电路图——发电机部分和卡罗拉充电系统电路图——充电指示灯部分。发电机各端子含义如表 2-3-1 所示。

表 2-3-1 发电机各端子含义

部件代号	名称及作用
B_1	带 IC 调节的发电机总成
E_{46}	仪表控制单元
E_{30}	空调控制单元
发电机总成的 IG 端子	识别点火开关 "ON" 挡位
发电机总成的 B 端子	向蓄电池充电和向汽车用电设备供电
发电机总成的 S 端子	监测蓄电池的端电压
发电机总成的 M 端子	接收空调离合器工作信号，以增加发电机的输出功率
发电机总成的 L 端子	控制充电指示灯工作

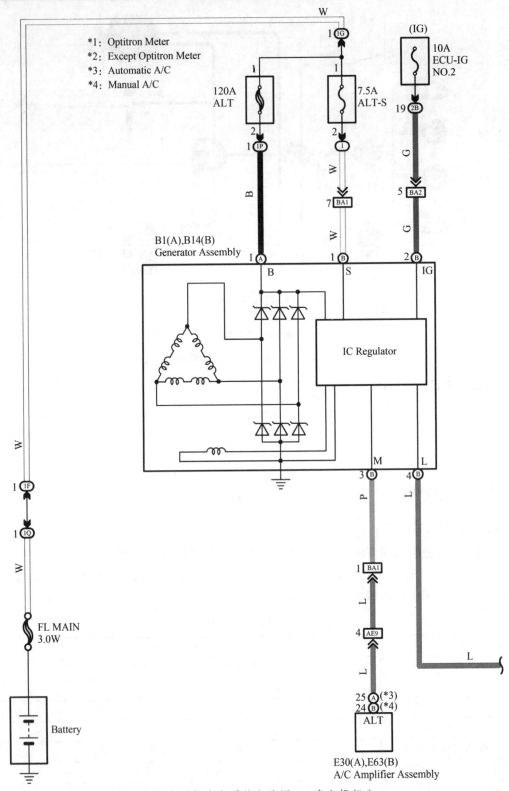

*1: Optitron Meter
*2: Except Optitron Meter
*3: Automatic A/C
*4: Manual A/C

（a）卡罗拉充电系统电路图——发电机部分

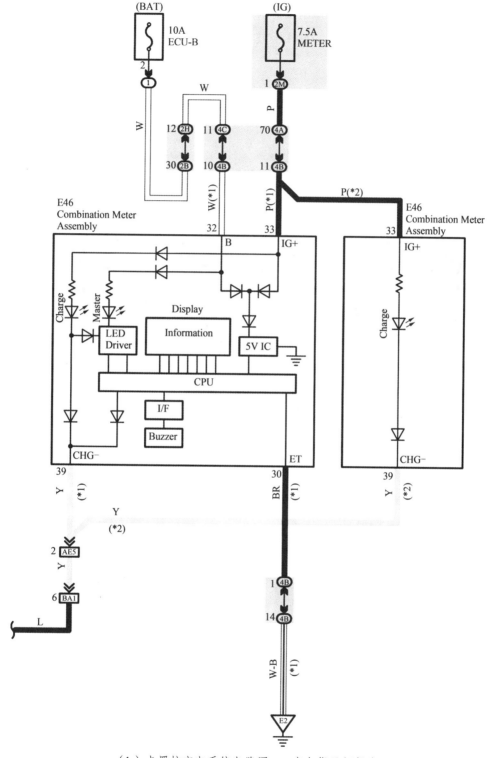

（b）卡罗拉充电系统电路图——充电指示灯部分

图 2-3-2　卡罗拉负电系统电路图

1. 准备工作

（1）防护装备：工作服；工作帽；手套；劳保鞋。

（2）车辆、台架、总成：卡罗拉整车或其他同类车型。

（3）检测设备：万用表。

（4）手工工具：拆装工具一套。

（5）辅助材料：翼子板布和前格栅布、三件套、抹布、手套、白板笔等。

2. 实施步骤

（1）检查充电系统相关保险丝。

保险丝的检查如图 2-3-3 所示，万用表电阻测量充电系统电路相关保险丝，电阻应小于 1 Ω。

图 2-3-3　保险丝的检查

图 2-3-4　蓄电池接线柱的检查

（2）检查蓄电池接线柱。

蓄电池接线柱的检查如图 2-3-4 所示，检查蓄电池接线柱有无松动和腐蚀，如有异常，应进行紧固和清洁。

（3）检查发电机连接器。

发电机连接器的检查如图 2-3-5 所示，检查发电机总成上的连接器有无松动腐蚀，如有则需要更换相应端子。

图 2-3-5　发电机连接器的检查

图 2-3-6　检查发电机连接的 1 号端子电压

（4）检查发电机连接的 1 号端子电压。

检查发电机连接的 1 号端子电压如图 2-3-6 所示，将万用表调至直流电压 20 V 挡位，红色表笔连接 1 号端子，黑色表笔搭铁。

提示：

1 号端子是 S 端子，直接连接至蓄电池提供 12 V 电压。

（5）检查发电机连接的 2 号端子电压。

检查发电机连接的 2 号端子电压如图 2-3-7 所示，将万用表调至直流电压 20 V，挡位红色表笔连接 2 号端子，黑色表笔搭铁，打开点火开关至"ON"挡。

提示：2 号端子是 IG 端子，当点火开关接通时，提供 12 V 的电压。

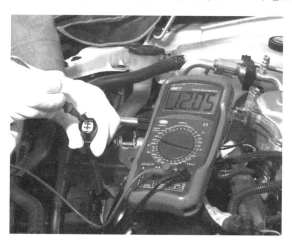

图 2-3-7　检查发电机连接的 2 号端子电压

（6）检查发电机连接的 4 号端子电压。

检查发电机连接的 4 号端子如图 2-3-8 所示，将万用表调至直流电压 20 V 挡位，红色表笔连接 4 号端子，黑色表笔搭铁，打开点火开关至"ON"挡。

提示：4 号端子是 L 端子，当点火开关接通时，提供 12 V 的电压，由发电机 IC 调节控制充电指示灯的搭铁。

图 2-3-8　检查发电机连接的 4 号端子电压

（7）发电机搭铁检查。

将万用表调至电阻挡 200 Ω 挡位，红色表笔连接发电机壳体，黑色表笔搭铁。

提示：测量值应接近于零。

（8）充电系统不带负载检查，如图 2-3-9 所示。

① 将发电机端子 B 断开，并将其连接到电流表的负极上。

② 将电流表的正极连接至发电机的端子 B 上。

③ 将电压表的正极连接至蓄电池的正极上，电压表负极搭铁。

④ 运行发动机到 2 000 r/min，读取数据。

提示：在做测试前应保证蓄电池充满电，标准电流应在 10 A 或更小，标准电压在 13.2 V 至 14.8 V，否则更换发电机。

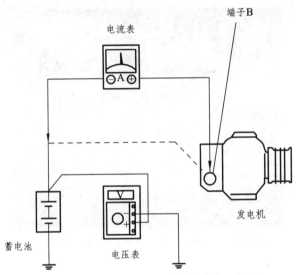

图 2-3-9　充电系统不带负载测试示意图

（9）充电系统带负载检查，如图 2-3-10 所示。

① 保持发动机转速在 2 000 r/min，打开远光并鼓风机挡位调至最大。

② 如果蓄电池充满电请打开雨刮和后挡风玻璃除霜。

③ 读取电流表读数。

提示：标准电流值 30 A 或更大，如果电流增大，也就检测了发电机连接器 3 号（M）端子接收到空调控制单元的增大发电机输出功率信号。

三、学习小结

（1）充电系统主要由蓄电池、交流发电机及电压调节器、充电指示灯、点火开关等组成。

（2）充电系统工作原理分为未启动、启动、发动机运行三个阶段。

（3）充电指示灯用来监测充电系统的工作情况。

（4）丰田卡罗拉充电系统电路检修步骤。

四、任务分析

发动机运行时充电指示灯亮，说明充电系统不工作，应检修充电系统电路及相关元件。

五、自我评估

1. 填空题

（1）充电系统中_____用来监测充电系统的工作情况。

（2）卡罗拉发电机连接器中_____端子用来识别点火开关"ON"挡位。

2. 判断题

（1）未启动发动机时打开点火开关，充电指示灯不亮。（　　）

（2）卡罗拉充电系统中要接受空调控制单元的信号来增加发电机的输出功率。（　　）

3. 选择题

（1）卡罗拉发电机连接器（　　）用来控制充电指示灯搭铁。

　　A. S　　　　　　　　　　　B. M

　　C. L　　　　　　　　　　　D. IG

（2）发电机向蓄电池充电和向汽车用电设备供电的端子是（　　）。

　　A. IG　　　　　　　　　　　B. M

　　C. B　　　　　　　　　　　D. L

学习项目三　启动系统检修

本学习项目主要学习启动系统的组成、性能测试和检修，分为两个工作任务：任务一——启动机检修；任务二——启动电路检修。学生通过两个工作任务的学习，能够掌握启动系统的组成，能够对启动机进行性能测试，能够在实物车上进行启动系统的检修。

工作任务一　启动机检修

■ 任务情境

一、任务描述

一辆丰田卡罗拉轿车，在启动发动机时，只听到"嗒嗒"的响声，但不能启动发动机。你的主管把这个任务交代给你，你能完成吗？

二、任务提示

根据故障现象，可能原因为蓄电池电量不足、启动机或启动电路故障。

■ 任务目标

一、知识目标

（1）能描述启动机的作用和组成。
（2）能描述启动机的工作原理。

二、能力目标

能进行卡罗拉启动机的解体检测。

■ 必备知识

一、基本知识

（一）启动系统的概述

汽车启动系统的作用是将蓄电池的电能转化为机械能，驱动发动机飞轮旋转，实现发动机能在自身动力作用下继续运转，启动机安装在飞轮附近，启动机实物图和启动机在发动机上的安装分别如图 3-1-1 和图 3-1-2 所示。

图 3-1-1　启动机实物图

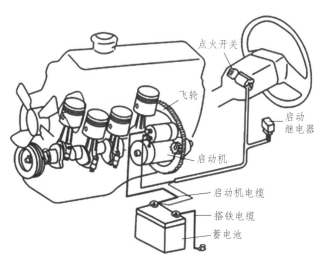

图 3-1-2　启动机在发动机上的安装

根据《汽车电气设备产品型号编号方法》（QC/73—97）规定，启动机型号分为以下 5 个部分，如图 3-1-3 所示。

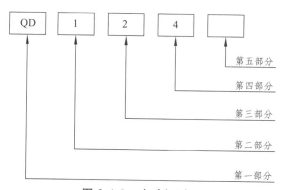

图 3-1-3　启动机型号

第一部分为产品代号：启动机的产品代号 QD、QDJ、QDY 分别表示启动机、减速启动机及永磁启动机。

第二部分为电压等级代号：1~12 V；2~24 V；3~6 V。

第三部分为功率等级代号。

第四部分为设计序号。

第五部分为变形代号。

例如，QD124 表示额定电压为 12 V、功率为 1~2 kW、第四次设计的启动机。

（二）启动机的组成

现在汽车上常用串励式直流启动机，主要由直流串励电动机、传动机构和操纵机构三个部分组成。

1. 直流串励电动机

直流串励式电动机负责将蓄电池提供的直流电能转变为机械能，产生转矩启动发动机。它主要由电枢、定子、端壳、机壳、电刷及电刷架等部件组成。串励式是指电枢绕组与磁场绕组串联。

1) 电　枢

电枢又称为转子，它的作用是产生电磁转矩，主要由电枢绕组、铁心、换向器及电枢轴等组成，如图 3-1-4 所示。

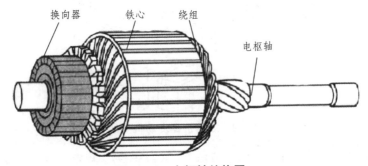

图 3-1-4　电枢轴结构图

电枢绕组是由较粗的矩形截面的裸铜线绕制而成。为了防止裸铜线绕组之间短路，在铜线与铁心、铜线与铜线之间用绝缘纸隔开，并在槽口将铁心轧纹挤紧。电枢绕组端头均焊在换向片上。

换向器压装在电枢轴上，它的作用是将励磁绕组的电流连接到电枢线圈，并保证电枢产生的扭转力矩方向固定，使电枢轴能输出固定方向的转矩。换向器由许多换向片组成，换向片与换向片之间采用云母绝缘。

电枢轴用于固定铁心及换向器，并且伸出一定长度的花键轴和阶梯轴，用于套装传动机构。

2) 磁　极

磁极一般为四个，两对磁极相对交错安装在电动机定子内壳上。四个励磁绕组可互相串联后再与电枢绕组串联，也可两两串联后并联再与电枢绕组串联，励磁绕组的连接方式如图 3-1-5 所示。

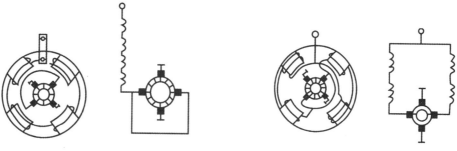

（a）励磁绕组串联　　　　　　　　（b）励磁绕组两两串联后并联

图 3-1-5　励磁绕组的连接方式

启动机内部接线如图 3-1-6 所示，励磁绕组一端接在外壳的绝缘接线柱 1 上，另一端与两个非搭铁电刷相连。当点火开关 2 接通时，启动机的电路为：蓄电池正极→接线柱 1→励磁绕组 4→非搭铁电刷 6→换向器 7（电枢绕组）→搭铁电刷 5→搭铁→蓄电池负极。

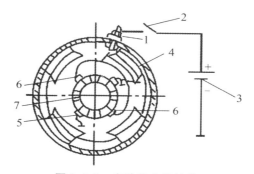

图 3-1-6　启动机内部接线

1—绝缘接线柱；2—点火开关；3—蓄电池；4—励磁绕组；5—搭铁电刷；6—非搭铁电刷；7—换向器

3）电刷架与机壳

电刷架和机壳实物图如图 3-1-7 所示。电刷架一般为框式结构，其中正极电刷架与端盖绝缘地固定在一起，负极电刷架直接搭铁。电刷置于电刷架中，电刷由铜粉与石墨粉压制而成，呈棕红色。刷架上装有弹性较好的盘形弹簧。

（a）　　　　　　　　　　　　　　　（b）

图 3-1-7　电刷架和机壳实物图

启动机机壳的一端有四个检查窗口，中部只有一个电流输入接线柱，并在内部与励磁绕组的一端相连。端盖分为前、后两个，前端盖由钢板压制而成，后端盖由铸铁浇制而成。前后端盖的中心均压装着青铜石墨轴承套或铁基含油轴承套，外围有两个或四个组装螺孔。电刷架及电刷装在前端盖内，后端盖上装有拨叉座。

2. 传动机构

传动结构实物图如图 3-1-8 所示，传动机构由单向离合器、拨叉等组成。传动机构主要作用是启动时将电动机产生的转矩传递给发动机，启动后自动打滑，保护启动机电枢不致飞散。

常见单向离合器有滚柱式单向离合器、摩擦片式单向离合器、弹簧式单向离合器。目前轿车和中轻型汽车上普遍使用滚柱式单向离合器。

图 3-1-8　传动机构实物图

滚柱式单向离合器结构如图 3-1-9 所示，滚柱式单向离合器主要由外壳、驱动齿轮、弹簧帽、滚柱、滚柱弹簧、内花键套筒、弹簧、拨环等组成。

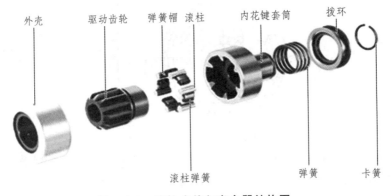

图 3-1-9　滚柱式单向离合器结构图

滚柱式单向离合器工作原理如图 3-1-10 所示，在滚柱式单向离合器外壳转速快于花键套筒时，滚柱滚入楔形槽窄端，花键套筒与外壳卡紧，两者间能传递力矩；当花键套筒转速快于离合器外壳时，滚柱滚入楔形槽宽端，花键套筒与外壳打滑，两者间便不能传递力矩。

图 3-1-10　滚柱式单向离合器工作原理图

1—飞轮；2—离合器外壳；3—滚柱弹簧；4—滚柱；5—花链套筒

3. 操纵机构

常用的操纵机构主要有机械式和电磁式。现代汽车上，启动机一般采用电磁式控制装置，如图 3-1-11 所示。它的作用是控制电路的通断及驱动齿轮与飞轮齿圈的啮合与分离。

操纵机构又称控制装置，电磁式控制装置主要由电磁开关和拨叉等组成。

图 3-1-11　电磁开关总成

1）电磁开关结构

电磁开关前端胶木盖上有 2 个主接线柱，在外部分别连接蓄电池和电动机。2 个接线柱伸入电磁开关内部的部分为触点。电磁开关另一端有铜套，上面绕着吸引线圈和保持线圈，两线圈的公共端引出一个接启动开关或启动继电器的"启动机"接线柱，吸引线圈的另一端接电动机主接线柱，保持线圈的另一端直接搭铁。铜套内有活动铁心与拨叉通过拉杆相连。电磁开关内的弹簧用来保证接触片和活动铁心的回位，如图 3-1-12 所示。

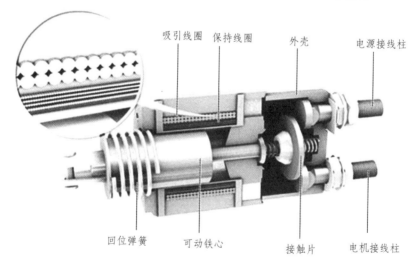

图 3-1-12　电磁开关的结构图

二、基本技能

启动机的解体检修

1. 准备工作

（1）防护装备：工作服；工作帽；手套；劳保鞋。

（2）车辆、台架、总成：卡罗拉启动机总成；或其他车型启动机。

（3）检测设备：万用表。

（4）测量工具：游标卡尺。

（5）手工工具：拆装工具一套。

（6）辅助材料：润滑脂；翼子板布和前格栅布、三件套、抹布、手套、白板笔等。

2. 实施步骤

（1）断开启动机的引线（C端子）。

如图 3-1-13 所示，拆下螺母，从电磁开关上断开引线。

（2）拆卸启动机电磁开关的固定螺母。

如图 3-1-14 所示，固定启动机总成，从启动机总成上拆卸电磁开关的固定螺母。

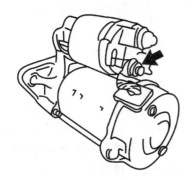 

图 3-1-13　断开启动机的引线（C端子）　　图 3-1-14　拆卸启动机电磁开关的固定螺母

（3）拆卸启动机电磁开关总成。

如图 3-1-15 所示，提起启动机总成前部时，拉出电磁开关总成，从驱动杆和启动机总成上松开铁心挂钩。

（4）拆卸启动机外壳和换向器端盖总成。

① 拆卸启动机外壳固定螺栓。

② 如图 3-1-16 所示，将启动机外壳和启动机换向器端架总成一起拉出。

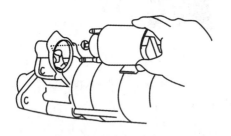 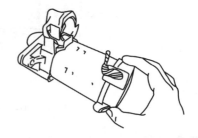

图 3-1-15　拆卸启动机电磁开关总成　图 3-1-16　将启动机外壳和启动机换向器端架总成一起拉出

（5）分离启动机外壳和换向器端盖总成。

如图 3-1-17 所示，从启动机换向器端架总成上拉出启动机外壳总成。

（6）拆卸启动机电枢总成和电枢板，如图 3-1-18 所示。

① 从启动外壳总成上取下启动机电枢总成。

② 从启动机驱动端壳总成上拆下电枢板。

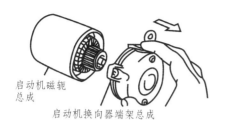

图 3-1-17　分离启动机外壳和换向器端盖总成

图 3-1-18　拆卸启动机电枢总成和电枢板

（7）拆下电刷架总成，如图 3-1-19 所示。

① 从启动机换向器端架总成上拆下 2 个螺钉。

② 拆下卡夹卡爪，从启动机换向器端架总成上拆下电刷架总成。

（8）拆卸行星齿轮。

如图 3-1-20 所示，从启动机中间轴承离合器分总成上拆下 3 个行星齿轮。

图 3-1-19　拆下电刷架总成

图 3-1-20　拆卸行星齿轮

（9）拆卸启动机中间轴承离合器分总成，如图 3-1-21 所示。

① 从启动机驱动端壳总成上拆下带启动机小齿轮驱动杆的启动机中间轴承离合器分总成。

② 拆下启动机中间轴承离合器分总成橡胶密封件和启动机小齿轮驱动杆。

（10）检查电磁开关铁心。

如图 3-1-22 所示，推入铁心，然后检查并确认其迅速回位至初始位置，如有必要，则更换电磁开关总成。

图 3-1-21　拆卸启动机中间轴承离合器分总成

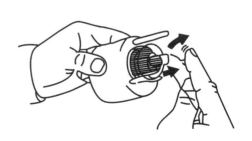

图 3-1-22　检查电磁开关铁心

（11）检查吸引线圈是否断路。

如图 3-1-23 所示，用欧姆表测量端子 50 和端子 C 之间的电阻，标准电阻应小于 1 Ω。如果不符合标准，则更换电磁开关总成。

（12）检查保持线圈是否断路。

如图 3-1-24 所示，用欧姆表测量端子 50 和开关壳体之间的电阻，标准电阻应小于 2 Ω，如果不符合标准，则更换电磁开关总成。

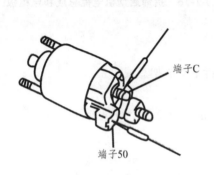
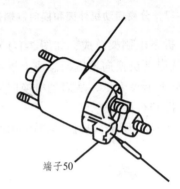

图 3-1-23　检查吸引线圈是否断路　　图 3-1-24　检查保持线圈是否断路

（13）检查换向器是否断路。

如图 3-1-25 所示，用欧姆表测量换向器片之间的电阻，标准电阻应小于 1Ω，如果不符合标准，则更换电磁开关总成。

（14）检查换向器是否搭铁断路。

如图 3-1-26 所示，用欧姆表测量换向器和电枢线圈之间的电阻，标准值应大于 10 kΩ，如果不符合标准，则更换电磁开关总成。

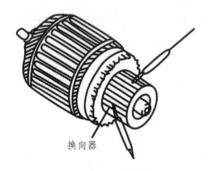
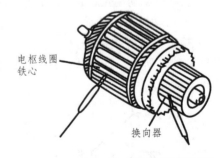

图 3-1-25　检查换向器是否断路　　图 3-1-26　检查换向器是否搭铁断路

（15）检查换向器是否径向跳动。

如图 3-1-27 所示，将换向器放在 V 形块上，用百分表测量径向跳动，标准径向跳动为 0.02 mm，最大径向跳动为 0.05 mm，如果径向跳动大于最大值，则更换电枢总成。

（16）用游标卡尺测量换向器直径。

如图 3-1-28 所示，标准直径 29.0 mm，最小直径 28.0 mm，如果直径小于最小值，则更换电枢总成。

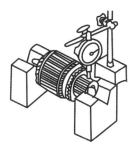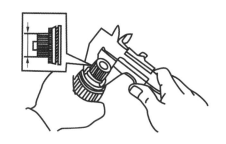

图 3-1-27　检查换向器是否径向跳动　　　　图 3-1-28　用游标卡尺测量换向器直径

（17）检查启动机电刷架总成，如图 3-1-29 所示。

① 拆下弹簧卡爪，然后拆下 4 个电刷。

② 用游标卡测量电刷长度，标准长度 14.4 mm，最小长度 9.0 mm，如果长度小于最小长度值，则更换启动机电刷架总成。

③ 用欧姆表测量电刷之间的电阻，标准值：$A\text{-}B/A\text{-}C/B\text{-}D/C\text{-}D$ 都应大于 10 kΩ，$A\text{-}D/B\text{-}C$ 都应小于 1 Ω，如果不符合标准，则更换启动机电刷架总成。

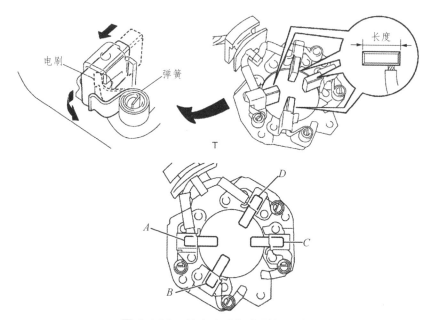

图 3-1-29　检查启动机电刷架总成

（18）检查启动机中间轴承离合器分总成。

① 检查行星齿轮的齿轮轮齿、内齿轮和启动机离合器是否磨损和损坏。如果损坏，则更换齿轮或离合器总成。

② 如图 3-1-30 所示是检查离合器的单锁止，顺时针转动离合器小齿轮，检查并确认其自由转动，尝试逆时针转动离合器小齿轮，检查并确认其锁止，如果必要，则更换启动机中间轴承离合器分总成。

（19）安装启动机中间轴承离合器分总成，如图 3-1-31 所示。

① 在启动机小齿轮驱动杆与启动机小齿轮驱动杆的启动机枢轴的接触部分涂抹润滑脂。

② 将启动机小齿轮驱动杆和橡胶密封件安装至启动机中间轴承离合器分总成。

③ 将启动机中间轴承离合器和启动机小齿轮驱动杆一起安装至启动机驱动端壳总成。

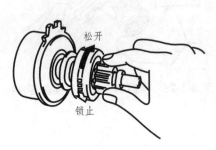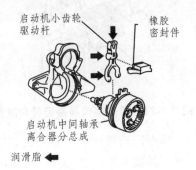

图 3-1-30　检查离合器的单向锁止　　　　图 3-1-31 安装启动机中间轴承离合器分总成

（20）安装行星齿轮，如图 3-1-32 所示。

① 在行星齿轮和行星轴销部位涂抹润滑脂。

② 安装 3 个行星齿轮。

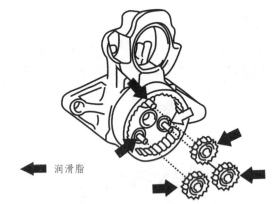

图 3-1-32　安装行星齿轮

（21）安装启动机电刷架总成，如图 3-1-33 所示。

① 安装电刷架。

② 用螺丝刀抵住电刷弹簧，并将 4 个电刷安装至电刷架。

② 在正极和负极之间插入密封垫。

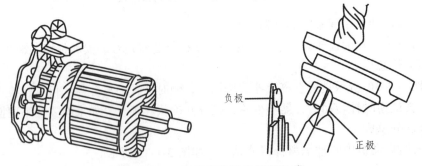

图 3-1-33　安装启动机电刷架总成

（22）安装启动机换向器端架总成，如图 3-1-34 所示。

① 将电刷架卡夹装配到启动机换向器端架总成上。

② 用 2 个螺钉安装换向器端架，力矩为 1.5 N·m。

（23）安装启动机电枢总成，如图 3-1-35 所示。

① 将橡胶件对准启动机外壳总成的凹槽。

② 将带电刷架的启动机电枢安装至启动机外壳总成上。

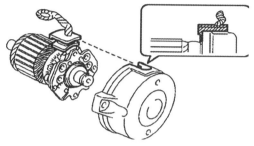

图 3-1-34　安装启动机换向器端架总成

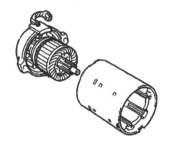

图 3-1-35　安装启动机电枢总成

（24）安装启动机电枢板，如图 3-1-36 所示。

① 将启动机电枢板安装至启动机外壳。

② 安装启动机板，使键槽位于键 A 和键 B 之间。

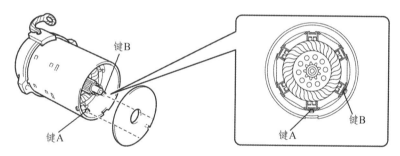

图 3-1-36　安装启动机电枢板

（25）安装启动机外壳总成，如图 3-1-37 所示。

① 将启动机外壳键对准位于启动机驱动端壳总成上的键槽。

② 用 2 个螺钉安装启动机外壳总成，力矩为 6.0 N·m。

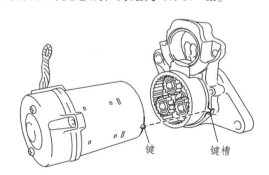

图 3-1-37　安装启动机外壳总成

（26）安装电磁开关至启动机总成。

① 在铁心挂钩上涂抹润滑脂。

② 将电磁开关总成的铁心从上侧接合至驱动杆。

③ 用 2 个螺母安装电磁开关总成，力矩为 7.5 N·m。

④ 将引线连接至电磁开关，然后用螺母紧固，力矩为 10 N·m。

三、知识拓展

（一）启动机单向离合器类型

常见单向离合器有滚柱式单向离合器、摩擦片式单向离合器、弹簧式单向离合器，如图 3-1-38 所示。摩擦片式单向离合器多用于中等功率和大功率启动机上；弹簧式单向离合器结构及制造工艺简单，成本太低，但扭力弹簧圈数多，轴向尺寸大，故不宜装在小功率启动机上。

（a）扭力弹簧式单向离合器　　（b）摩擦片式单向离合器　　（c）滚柱式单向离合器

图 3-1-38　启动机单向离合器类型

1. 摩擦片式单向离合器

摩擦片式单向离合器主要是通过摩擦片的压紧和放松来实现离合的。摩擦片式单向离合器由驱动齿轮、花键轴、压盘、被动摩擦片、主动摩擦片、止推套筒等组成，如图 3-1-39 所示。

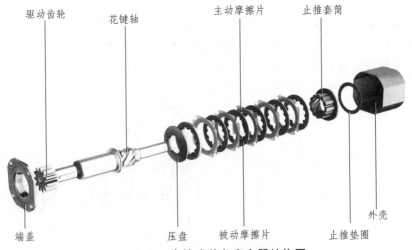

图 3-1-39　摩擦式单向离合器结构图

2. 扭力弹簧式单向离合器

扭力弹簧式单向离合器是通过扭力弹簧的扭紧和放松来实现离合的。扭力弹簧式单向离合器主要由驱动齿轮、定位键、扭力弹簧、花键套筒、挡片、缓冲弹簧、拨环等组成，其结构如图 3-1-40 所示。

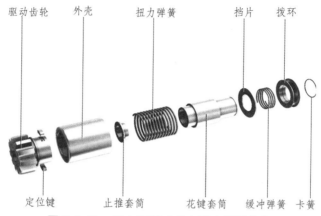

图 3-1-40　扭力弹簧式单向离合器结构图

（二）启动机减速机构类型

启动机减速机构通常分为内啮合式、外啮合式及行星齿轮式，如图 3-1-41 所示。

（a）外啮合式减速机构　　　　　（b）行星齿轮式减速机构

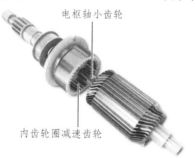

（c）内啮合式减速机构

图 3-1-41　减速启动机的类型

　　外啮合齿轮式减速机构在电枢轴和启动机驱动齿轮之间利用惰轮作中间转动，转动中心距较大，多用于小功率的启动机上。

　　内啮合齿轮式减速机构传动中心距小，可有较大的减速比，适用于较大功率的启动机。

　　行星齿轮式减速机构传动中心距离为零，输出轴与电枢轴同心，减速比最大，其应用越来越广泛。

四、学习小结

　　（1）汽车启动系统的作用是将蓄电池的电能转化为机械能，驱动发动机飞轮旋转，实现发动机能在自身动力作用下继续运转。

　　（2）现在汽车上常用串励式直流启动机，包括串励式直流电动机、传动机构和操纵机构三部分。

　　（3）串励式直流电动机由电枢、磁轭、换向器和电刷等组成。

　　（4）操纵机构由保持线圈、吸引线圈、活动铁心、复位弹簧等组成。

　　（5）卡罗拉启动机的拆装流程。

五、任务分析

　　本情境中，确定蓄电池和启动电路正常后，需要拆解检修启动机总成，如发现异常则进行维修或更换，如果故障严重，则更换启动机总成。

六、自我评估

1. 填空题

　　（1）现在汽车上常用串励式直流启动机，主要由串励式直流电动机、＿＿＿＿＿和操纵机构三个部分组成。

　　（2）目前轿车和中轻型汽车上普遍使用＿＿＿＿式单向离合器。

2. 判断题

　　（1）启动机换向器的作用是使直流电动机维持定向运转。（　　　）

　　（2）直流串励式电动机中，励磁绕组和电枢绕组是串联的。（　　　）

　　（3）电磁开关中有吸引线圈和保持线圈。（　　　）

3. 选择题

　　（1）启动机中直流串励式电动机所起的作用是（　　　）。

　　　　A. 将电能转化为机械能　　　　　　B. 将机械能转化为电能

　　　　C. 将电能转化为化学能　　　　　　D. 以上都不正确

　　（2）启动机（　　　）提供电机旋转磁场。

　　　　A. 定子磁轭　　　　　　　　　　　B. 转子电枢

　　　　C. 电磁开关　　　　　　　　　　　D. 以上都不正确

工作任务二　启动电路检修

▰任务情境

一、任务描述

一辆丰田卡罗拉轿车，客户报修发动机不能启动，经试验，启动发动机时，启动机无反应。如果这张派工单给你，你将如何诊断并排除此故障？

二、任务提示

启动系统由电源、启动机、启动机控制电路系统组成，发动机要想正常启动，启动系统必须工作正常，性能良好。启动机不工作，则需要排除电源、启动机、启动机控制电路系统的所有故障。

▰任务目标

一、知识目标

（1）能描述启动机系统的组成与工作原理。
（2）能描述启动机控制电路原理。

二、能力目标

（1）能看懂启动机控制电路图并根据电路图分析启动机控制电路原理。
（2）能通过检测与诊断，排除启动机不工作的故障。

▰必备知识

一、基本知识

（一）启动电路的组成

启动系统的电路由电源、电源线路、启动机总成、启动机控制系统三部分组成，如图 3-2-1 所示。

电源，即蓄电池，是给启动机提供电能的装置，也是给全车电器提供电能的装置。汽车电源由发电机和蓄电池组成，而

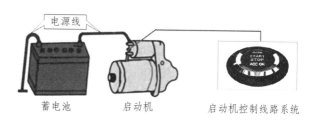

图 3-2-1　启动系统组成

直接给启动机提供电源的唯有蓄电池。由于启动机工作电流较大（100～300 A），因而蓄电池的性能和电容量直接决定启动机的工作是否正常。

电源线，即蓄电池与启动机连接的电线，包括正极线和负极搭铁线。由于启动机是汽车工作电流最大的电器，其电源连接线也是全车线径最粗的电线，启动机电源线的性能及连接状况直接影响启动机的工作状况。

启动机，启动机将蓄电池的电能转化为机械能，驱动发动机飞轮旋转，实现发动机的启动。启动机由磁力开关、直流电机、啮合齿轮三部分组成。每个部分元件损坏或有故障，会产生不同故障现象，造成启动机不工作或工作不正常。

启动机控制电路，启动机控制电路的作用，是将驾驶员启动意图传达给启动机，由启动开关（点火开关）及控制电路组成，并带有防启动、空挡启动等功能。各车型启动控制电路设计各异，故障诊断思路也不同。

（二）启动系统的工作原理

汽车启动机主要由启动开关（点火开关）控制，当点火开关位于启动（ST）位置时，点火开关输出一个电源信号给启动继电器，而启动继电器受空挡启动开关（A/T）、离合器开关（M/T）、防盗信号等功能的控制，当这些条件工作正常时，启动继电器吸合工作，将蓄电池电源传递到启动机的磁力开关，磁力开关吸合，启动机工作，带动发动机运转。

（三）启动系统的常见故障

启动系统的电源、线路、启动机总成、启动控制电路的故障，都会造成启动不工作或工作不正常。启动机能否正常工作，受多种因素的影响。故障的表现形式很多，常见的故障有启动机不转、启动机无反应、启动机空转、启动机运转无力等。

二、基本技能

启动电路检修

1. 准备工作

（1）防护装备：工作服；工作帽；手套；劳保鞋。

（2）车辆、台架、总成：卡罗拉整车；或其他车型。

（3）检测设备：万用表；智能蓄电池测试仪。

（4）手工工具：拆装工具一套。

（5）辅助材料：润滑脂；翼子板布和前格栅布、三件套、抹布、手套、白板笔等。

2. 实施步骤

（1）将点火开关转到启动挡，根据故障现象确定检修方法。

① 启动机不转，但能听到动作声音，执行步骤（2）。

② 启动机运转缓慢，执行步骤（3）。

③ 启动机空转，执行步骤（4）。

④ 启动机无反应，也听不到任何动作声音，执行步骤（5）。

提示：确定启动方法正确，对有的手动变速器车型（如卡罗拉），应踩下离合器踏板；自动变速器挡位位于 P/N 挡。

（2）启动机不转，但能听到动作声音。

如果点火开关位于启动挡（ST）时，能听到启动机动作的声音，但启动机不运转，说明启动机控制电路是正常的，故障可能在启动机总成，诊断方法和步骤如下：

① 检查蓄电池和接线柱，确认正常。

② 确认发动机机械正常（没有"抱死"）。

③ 更换启动机总成或解体检修。

（3）启动机运转缓慢。

如果点火开关位于启动挡（ST）时，启动机运转缓慢，无法带动发动机启动，说明故障原因在电源或启动机本身，诊断方法和步骤如下：

① 检查蓄电池和接线柱，确认正常。

② 更换启动机总成或解体检修。

（4）启动机空转。

点火开关位于启动挡（ST）时，启动机运转，但发动机不运转，说明启动机单向啮合器打滑，更换单向啮合器或启动机总成。如图 3-2-2 所示为启动机单向啮合器。

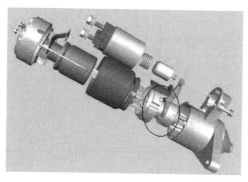

图 3-2-2 启动机单向啮合器

（5）启动机无反应。

点火开关位于启动挡（ST）时，启动机无任何反应，不运转，也听不到响声。故障原因有两种可能：一是启动机有故障；二是启动机控制电路故障。确定是哪种故障的方法：用万用表（或测试灯泡）测试启动机磁力开关的 50 端子插头（或 50 端子最近的连接器端子），当点火开关位于 ST 时，有 12 V 电压（或试灯点亮），则可确定启动机控制电路正常，启动机总成故障；反之，为启动机控制电路故障。

各车型启动机控制电路不同，归纳起来分为三种类型：开关控制；发动机控制单元（模块）控制；车身或防盗控制单元控制。各种形式根据启动机控制电路原理的不同，确定故障诊断思路。

以下以丰田卡罗拉采用的"车身或防盗控制单元控制型"为例介绍启动机控制系统。

车身或防盗控制单元控制启动机系统，当防盗系统触发后，未解除状况下启动发动机，启动机将被切断不工作。如图 3-2-3 所示为丰田卡罗拉启动机控制电路。

带智能进入和启动系统

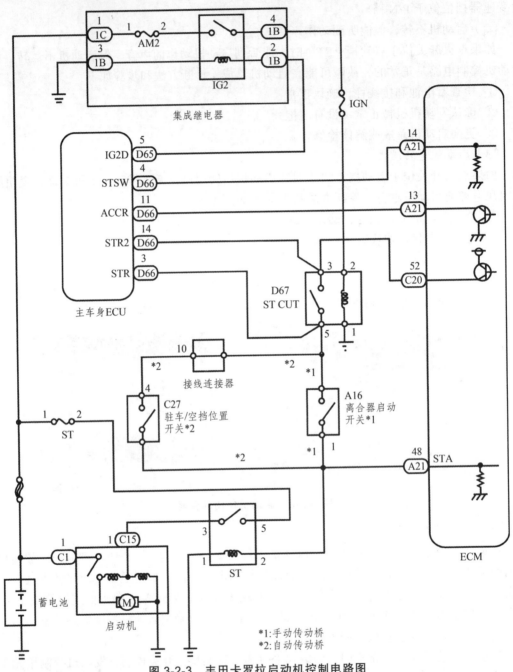

图 3-2-3　丰田卡罗拉启动机控制电路图

电路分析与说明：启动机继电器（ST）控制正极被启动机切断继电器（ST CUT）所控制，启动机切断继电器处于常闭状态，由主车身控制单元控制，当防盗系统触发后，启动机切断继电器工作，继电器触点断开，切断启动机继电器线圈控制电路，启动机不能启动，解除防盗后，切断继电器回复闭合状态，启动机继电器受点火开关和挡位开关控制，启动机工作。故障诊断步骤如表 3-2-1 所示。

表 3-2-1　丰田卡罗拉启动机故障诊断步骤

步骤	检测内容	检测结果	结论	排除方法
1	仪表台下保险丝盒内，找到启动机继电器，拔出继电器，试灯测量继电器座 3#端子，试灯是否点亮	不点亮	继电器电源不亮	检修或更换蓄电池主保险丝
		点亮	转下一步	
2	万用表测量启动机继电器座 5#端子与搭铁是否导通	不导通	启动机连接线路及连接器不良	检修启动机连接线路与连接器
		导通	转下一步	
3	短接线连接启动机继电器座 3#与 5#端子，启动机是否工作	不工作	启动机故障	更换启动机
		工作	转下一步	
4	万用表检测继电器座 2#端子与搭铁是否导通	不导通	继电器搭铁线不良	检修搭铁线
		导通	转下一步	
5	试灯连接继电器座1#端子，点火开关位于启动状态（ST），试灯是否点亮	点亮	启动继电器不良	更换启动继电器
		不亮	转下一步	
6	拔出启动切断继电器，试灯连接继电器座4#端子，点火开关位于启动挡（ST），试灯是否点亮	不亮	空挡开关不良	检修变速器挡位开关
		点亮	转下一步	
7	万用表测量启动切断继电器座1#端子是否搭铁	不搭铁	防盗系统故障	1. 遥控器开关门锁解锁试验 2. 更换防盗模块
		搭铁良好	转下一步	
8	万用表测量启动机继电器 1#端子与启动机切断继电器 3#端子之间是否导通	不导通	启动机继电器 1#端子与启动机切断继电器 3#端子之间线路断路	检修线路断路
		导通	启动机切断继电器不良	更换启动机切断继电器

三、知识拓展

启动机控制系统介绍

各车型启动机控制电路不同，归纳起来分为三种型式：开关控制；发动机控制单元（模块）控制；车身或防盗控制单元控制。各种形式根据启动机控制电路原理的不同，确定故障诊断思路。

1. 开关控制型

开关控制型启动机控制电路，直接由点火开关和空挡开关（自动变速器车型）控制启动机继电器，进而控制启动机工作，代表车型桑塔纳。如图 3-2-4 所示为桑塔纳 3000 启动机控制电路图。

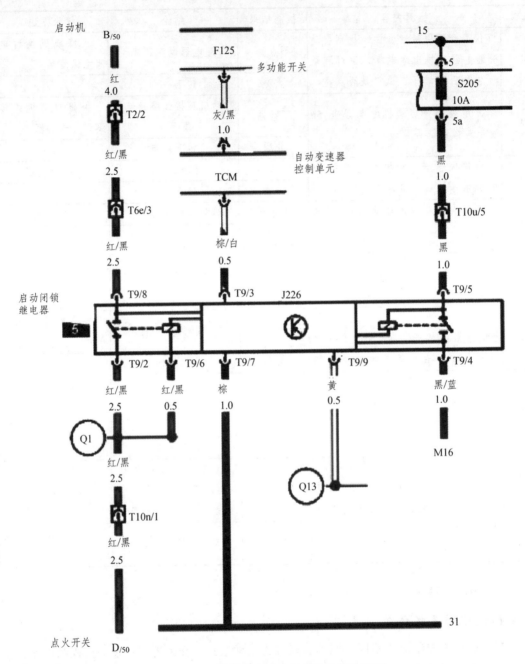

图 3-2-4　桑塔纳 3000 启动机控制电路图

电路分析与说明：启动机电机由启动机闭锁继电器控制，当点火开关启动时，开关给继电器线圈一个 12 V 电源电压，当自动变速器挡位位于空挡（P 或 N）时，继电器线圈负极搭铁，继电器线圈工作，触点吸引，电源继电器触点输出，通过线路及连接器，供给启动机磁力开关的 50 端子，启动机工作。若是手动变速器，则继电器线圈负极直接搭铁吸合。启动机 50 端子无电，启动机不工作故障诊断步骤如表 3-2-2 所示。

表 3-2-2　桑塔纳 3000 启动机不工作故障诊断步骤

步骤	检测内容	检测结果	结　论	排除方法
1	万用表测量蓄电池电压	电压低于 11.5 V	蓄电池电压不足	蓄电池充电或更换
		电压高于 11.5 V	转下一步	
2	发动机舱中间支架线路连接器 T2 断开,连接试灯 A 于线路上端 T2/2（或万用表测试）;　驾驶舱继电器板上找到启动闭锁继电器,拔出继电器,继电器座 2# 和 6# 端子连接试灯 B,点火开关启动（ST）,试灯是否点亮	试灯不亮	点火开关电路不良	1. 更换点火开关　2. 检修点火开关至继电器线路断路故障
		试灯点亮	转下一步	
3	万用表测试继电器座 9# 端子对搭铁是否导通	不导通	继电器座搭铁不良	更换修理继电器座搭铁线
		导通	转下一步	
4	万用表检测继电器座 3# 端子,是否有 0～12 V 电压	无电压（0 V）	无挡位开关信号	检查挡位是否在空挡（P/N）,如在空挡更换挡位开关（多功能开关）
		有电压	转下一步	
5	专用短接线连接继电器座 2# 与 8# 端子,试灯 A 是否点亮	试灯点亮	启动闭锁继电器故障	更换启动闭锁继电器单元
		试灯不亮	转下一步	
6	万用表测试继电器座 8# 端子与试灯 A 的 T2/2 端子是否导通	导通	继电器座或 T2 连接器不良	检修继电器座插孔或 T2 端子插孔
		不通	转下一步	
7	万用表测试继电器座 8# 端子与驾驶舱保险丝继电器盒背后 T6e/3 与之间线路是否导通	不通	继电器座与 T6e/3 之间线路断路	1. 检修线路　2. 更换继电器座板
		导通	转下一步	
8	万用表测试 T6e/3 与 T2/2 之间线路是否导通	不通	T6e/3 与 T2/2 之间线路断路	维修线路
		导通	转下一步	
9	万用表测试 T2/2 与发动机机体是否导通	不导通	启动机磁力开关 50 线路断路	检修线路
		导通		更换启动机总成
10	诊断完毕,各部件复原,电器线路整理恢复,启动测试启动机故障是否排除	—	—	—

2. 发动机控制单元（模块）控制型

发动机控制单元（模块）控制型启动机控制系统,由发动机控制单元（模块）控制启动机继电器的工作,通过 CAN 与车身控制单元或防盗系统传送钥匙信息。如图 3-2-5 所示为科鲁兹启动机电路图。

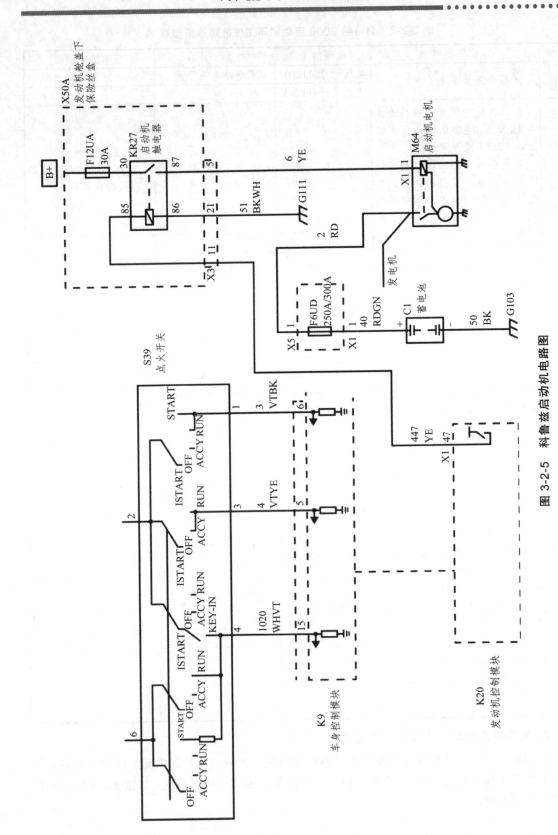

图 3-2-5　科鲁兹启动机电路图

电路分析与说明：发动机控制单元（模块）通过网络，监测点火钥匙和挡位开关信息，当发动机控制模块检测到启动信号和空挡位置信号，给启动机继电器 12 V 电源电压，继电器工作，控制启动机工作。故障诊断操作步骤如表 3-2-3 所示。

表 3-2-3 科鲁兹启动系统故障诊断步骤

步骤	检测内容	检测结果	结论	排除方法
1	发动机舱保险丝盒内找到启动机继电器，拔出继电器，试灯测试继电器座 30#端子，是否点亮	试灯不亮	继电器电源不良	检查更换 F12 保险丝
		试灯点亮	转下一步	
2	万用表测量继电器座 87#端子与启动机 1#端子是否导通	不导通	转第 3 步	
		导通	转第 4 步	
3	万用表测量保险丝板背面 X3 连接器 5# 端子与启动机 1# 端子是否导通	导通	保险丝板内部不良	更换发动机舱保险丝盒总成
		不导通	5#与 1#导线不通	检修更换 5#与 1#之间导线
4	安装好启动机 1#连接器，专用短接线连接启动机继电器座 30#与 87#端子，启动机是否动作	不动作	启动机不良	检修更换启动机总成
		正常运转	转下一步	
5	万用表测量保险丝板背面 X3 连接器 21# 端子与继电器座 86#端子是否导通	不导通	保险丝继电器板内部连接不良	更换发动机舱保险丝板
		导通	转下一步	
6	万用表测量保险丝板背面 X3 连接器 21# 端子与蓄电池负极是否导通	不导通	继电器搭铁线不良	检修搭铁点 G111
		导通	转下一步	
7	发光二极管试灯连接继电器座 85#与 86#端子（分正、负极），启动机开关启动机发动机，试灯是否点亮	点亮	启动机继电器不良	更换启动机继电器
		不亮	转下一步	
8	连接诊断仪，读发动机控制单元故障码，是否有启动相关故障码	有故障码	发动机控制单元故障	排除、清除故障码
		无故障码	转下一步	
9	读取数据流，启动机时，是否有启动信号	有启动信号	发动机控制模块故障	更换启动机控制模块
		无启动信号	转下一步	
10	诊断仪读取变速器控制单元数据流，有无挡位空挡信号	无空挡信号	空挡启动开关故障	检修更换不空挡启动开关
		有空挡信号	转下一步	
11	诊断仪读取车身控制单元数据流，启动时，有无启动开关数据流	无数据流	点火开关故障	更换点火开关
		有数据流	车身控制模块故障	更换车身控制模块

3. 车身或防盗控制单元控制型

参见前文。

四、学习小结

（1）启动系统由蓄电池、启动机、启动机控制电路组成。

（2）启动系统的故障主要有启动机故障和启动机控制系统电路故障。

（3）启动机控制系统分三类型：开关控制型；发动机 ECU 控制型；防盗模块控制型。

（4）启动机控制系统电路故障诊断使用万用表、测试灯、二极管灯等，根据启动电路原理图，分析、检测、诊断、排除。

（5）启动机系统常见故障原因有：启动机故障、启动继电器故障、启动机控制线路断路、启动开关故障、控制单元故障、防盗触发等。

五、任务分析

本情境中，确认蓄电池正常的前提下，需要对启动电路进行检修。不同车型的启动电路有区别，需要分析相关车型的启动电路，根据其控制特点进行检修。

六、自我评估

不定项选择题

（1）点火开关位于 ST 时，启动机运转，而发动机不转，故障原因是（　　　）。

A. 蓄电池电压不足　　　　　　　　B. 启动机线圈短路

C. 启动机单向啮合器打滑　　　　　D. 点火开关故障

（2）启动机运转缓慢、无力，下述故障原因错误的是（　　　）。

A. 蓄电池电压不足　　　　　　　　B. 蓄电池搭铁线不良

C. 启动机转子扫膛　　　　　　　　D. 启动机线圈短路

（3）一辆桑塔纳 3000 轿车启动时，能听到启动机"当当"响，但启动机不运转，下述故障原因错误的是（　　　）。

A. 蓄电池电压不足　　　　　　　　B. 启动机碳刷磨损接触不良

C. 蓄电池搭铁线不良　　　　　　　D. 点火开关故障

（4）启动发动机时，点火钥匙关闭至"OFF"，启动机仍然继续运转，不可能的故障原因是（　　　）。

A. 点火开关有故障　　　　　　　　B. 启动机磁力开关有故障

C. 启动继电器故障　　　　　　　　D. 搭铁线不良

（5）一辆桑塔纳轿车，启动时启动机无反应，诊断故障的首先检测点或部位是（　　　）。

A. 点火开关　　　　　　　　　　　B. 启动机继电器

C. PCM　　　　　　　　　　　　　D. 启动机

（6）一辆桑塔纳 3000 手动挡轿车不能启动，测量蓄电池电压为 0 V，下列措施不正确的是（　　　）。

A. 更换蓄电池再启动　　　　　　　B. 蓄电池充电后再启动

C. 蓄电池跨接启动　　　　　　　　D. 推车启动

（7）发动机 ECU 电源保险丝断路，启动发动机时，启动机无反应的车型是（　　　）。

A. 桑塔纳 3000　　　　　　　　　　B. 雪佛兰科鲁兹

C. 丰田卡罗拉　　　　　　　　　　D. 雪铁龙爱丽舍

（8）一辆启动正常的丰田卡罗拉，在启动机继电器座 85# 与 86# 端子之间连接发光二极管灯，点火钥匙 ST 时，发光二极管灯会（　　　）。

A. 亮　　　　　　　　　　　　　　B. 闪烁

C. 不亮　　　　　　　　　　　　　D. 烧毁

学习项目四　照明与信号系统检修

本学习项目主要学习照明与信号系统检修，分为两个工作任务：任务一——照明系统检修；任务二——信号系统检修。学生通过两个工作任务的学习，能进行照明系统与信号系统的操作与检修。

工作任务一　照明系统检修

■任务情境

一、任务描述

一辆丰田卡罗拉轿车，夜间打开前照灯（大灯）时，明显感觉左侧灯光不亮，基本上就看不到左侧道路。你能排除这个故障吗？

二、任务提示

用于夜间照明道路的是近光和远光，因此要对前照灯进行操作检查。

■任务目标

一、知识目标

（1）能够描述照明系统的组成及作用。
（2）能够描述小灯、前照灯、雾灯等的电路原理。

二、能力目标

能进行卡罗拉照明系统的操作及检查。

■必备知识

一、基本知识

（一）照明与信号系统概述

为了保证汽车行驶的安全性，减少交通事故的发生，汽车上都装有多种照明系统和灯光信号系统，一般称为汽车灯系。这个系统主要包括照明与标识信号两大部分，如图 4-1-1 所示。

图 4-1-1　汽车灯光实物图

汽车照明系统可以分为车外照明和车内照明两部分。车外照明主要包括前照灯、雾灯、牌照灯等；车内照明一般包括仪表灯、顶灯和开关照明灯。

汽车信号系统主要包括转向信号灯、危险警告灯、制动灯、倒车灯、尾灯、示宽灯等。

（二）汽车照明系统

1. 前照灯

如图 4-1-2 所示，前照灯装于汽车头部两侧，用于夜间车前有明亮而均匀的照明，使驾驶员能辨明 100 m 以内道路上的任何障碍物；前照灯具有防炫目功能，以免夜间两车交会时造成对方驾驶员炫目而发生事故。前照灯有两灯制和四灯制之分，功率一般为 40 ~ 60 W。

图 4-1-2　前照灯实物图

1）前照灯的结构

前照灯主要由灯泡、反射镜和配光镜三部分组成。

（1）灯泡。

前照灯的灯泡一般有白炽灯泡、卤钨灯泡和新型高压（20 kV）放电氙灯等类型。

白炽灯泡是从玻璃泡中抽出空气，再充以 86%的氩和 14%的氮的混合惰性气体制成的。灯泡通电后，灯丝发热，惰性气体受热膨胀而产生较大的压力，可以减少钨的蒸发，延长灯泡的使用寿命。卤钨灯泡是在充入的惰性气体中渗入某种卤族元素，如碘、溴等，利用卤钨再生循环作用防止钨丝蒸发。如图 4-1-3 所示为白纸灯泡和卤素灯泡的结构。

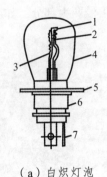 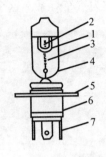

（a）白炽灯泡　　　　　　　　　（b）卤钨灯泡

图 4-1-3　普通前照灯的灯泡

1—配光屏；2—近光灯丝；3—远光灯丝；4—玻璃护罩；5—定焦盘；6—灯头；7—插片

一般白炽灯泡虽然充入混合惰性气体，仍然不能避免钨丝受热后蒸发，蒸发出来的钨沉积在灯泡上，使灯泡变黑，光线变暗。而卤钨灯泡通电后，灯丝由于发热蒸发出气态钨与卤素发生反应形成一种具有挥发性的卤化钨。当卤化钨扩散到灯丝附近的高温区时，受热分解使钨重新回到钨丝上，而释放出的卤素又参与下次的循环反应。该种灯泡尺寸较小，外壳用耐高温且机械强度较高的石英玻璃或硬玻璃制成，可以充入较高压力的气体。灯泡内工作气压高，亦可抑制钨的蒸发。

新型高压放电氙灯的组件系统由弧光灯组件、电子控制器和升压器三大部件组成，如图4-1-4所示。该类灯泡发出的光色和日光灯非常相似，几万伏的高压使得其光亮强度增加，亮度是目前卤钨灯泡的 3 倍左右，完全满足汽车夜间高速行驶的需要。这种灯的灯泡里没有传统灯泡的灯丝，取而代之的是装在石英管内的两个电极，管内充有氙气及微量金属（或金属卤化物）。在电极上加上数万伏的引弧电压后，气体开始电离而导电，气体原子即处于激发状态，使电子发生能级跃迁而开始发光，电极间蒸发少量水银蒸气，光源立即引起水银蒸气弧光放电，待温度上升后再转入卤化物弧光灯工作。

 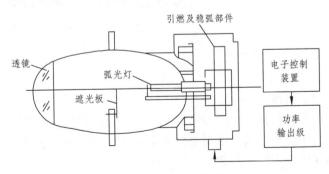

（a）高压放电氙灯实物图　　　　　　　（b）氙灯原理示意图

图 4-1-4　高压放电氙灯实物和原理示意图

（2）反射镜。

前照灯灯泡的光度不大，如果没有反射镜，驾驶员只能辨清车前 6 m 处有无障碍物。反射镜的作用是将灯泡的光线聚合并导向远方。反射镜材料有薄钢板、玻璃、塑料等，其表面形状是旋转抛物面，内表面镀银、铝或铬，再进行抛光，如图 4-1-5（a）所示。

反射镜聚光示意图如图 4-1-5（b）所示，灯丝位于焦点 F 上，灯丝的绝大部分光线向后射在立体角 ω 范围内，经反射镜反射后变成平行光束射向远方，使光度增强几百倍，从而使车前 100～150 m 处的路面照得足够清楚。从灯丝射出的位于 $4\pi - \omega$ 范围内的光线则向各方散射，可照亮车前 5～10 m 的路面和路缘。

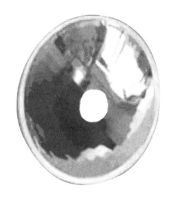

（a）反射镜实物图

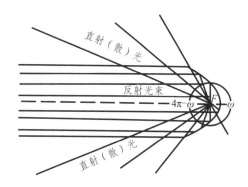

（b）反射镜聚光示意图

图 4-1-5　反射镜

（3）透镜。

透镜是由透镜和棱镜组合而成的散光塑料，其外形一般为圆形或方形，如图 4-1-6 和图 4-1-7 所示。透镜的作用是将反射镜反射出的平行光束折射，使车前路面和路线均有很好的照明效果。

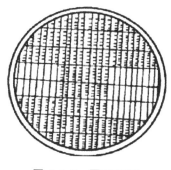

图 4-1-6　圆形透镜

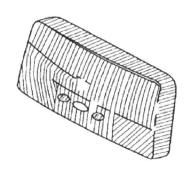

图 4-1-7　方形透镜

2）前照灯的分类

前照灯按照反射镜的结构形式不同可分为可拆卸式、半封闭式、封闭式三种。

可拆卸式前照灯因气密性不良，反射镜易受潮气和灰尘污染而降低反射能力，现已被淘汰弃用。

半封闭式前照灯将前透镜和反射镜密封，可从反射镜的后端拆装灯泡，其优点是维修方便，但反射镜易被污染。

封闭式前照灯将反射镜和前透镜熔焊为一个整体，灯丝直接焊在反射镜的底座上，其优点是可完全避免反射镜被污染，但灯丝烧坏后需更换整个总成，维修成本高。

3）对前照灯的基本要求

汽车前照灯的照明效果直接影响着夜间交通安全，其基本要求主要有以下两个方面：首先要求前照灯应能保证车前有明亮且均匀的照明，且必须具有足够的亮度和照明范围，使驾驶员能看清车前 100 m 内路面上的障碍物。随着汽车行驶速度的提高，对汽车前照灯的照明距离相应要求也越来越远，现代高速汽车其照明距离已达到 200～250 m。其次要求前照灯必须有防止炫目的功能，以免夜间两车交会时，使对面来车驾驶员炫目而造成交通事故。

2. 雾 灯

雾灯分为前雾灯和后雾灯两种。前雾灯装于汽车前部，比前照灯稍低的位置，如图 4-1-8 所示，用于在雨雾天气行车时道路的照明。

为保证雾天高速行驶的汽车向后方车辆或行人提供本车位置信息，交通管理部门规定，运行车辆应在车辆后部加装功率较大的后雾灯，以降低交通事故发生率。雾灯的光色规定为光波较长的黄色、橙色或红色。

图 4-1-8 雾灯安装位置

3. 牌照灯

牌照灯装于汽车尾部的牌照上方，用于夜间照亮汽车牌照，如图 4-1-9 所示。

图 4-1-9 牌照灯

4. 仪表灯

如图 4-1-10 所示，仪表灯装于汽车仪表板上，用于仪表照明，以便于驾驶员获取行车信息和进行正确操作，其数量根据仪表设计布置而定。

图 4-1-10　仪表灯

5. 顶　灯

如图 4-1-11 所示，顶灯装于驾驶室或车厢顶部，用于车内照明。

图 4-1-11　顶灯

6. 开关指示灯

开关指示灯安装于各开关内部，用于指示开关位置。

7. 踏步灯

踏步灯是当车门打开时，为方便上下车照亮车门槛而设置灯。

8. 门控灯

门控灯是当车门打开时，为照亮车内而设置的灯。

9. 化妆灯

在每个化妆镜上设置的灯，方便在光线暗淡时也能打扮自己。

（三）卡罗拉照明系统电路

1. 小灯（尾灯）挡位的电路图

小灯电路图如图 4-1-12 所示。各零部件代码及名称如表 4-1-1 所示。

尾灯和照明

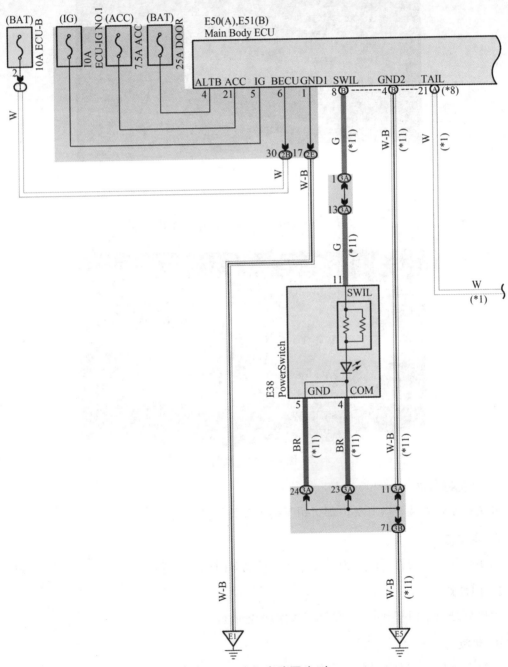

图 4-1-12　小灯电路图（1）

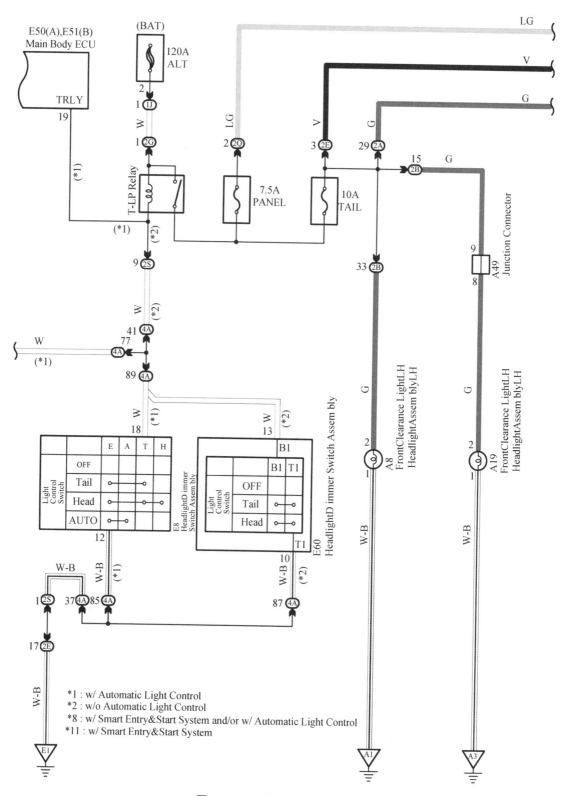

图 4-1-12　小灯电路图（2）

尾灯和照明

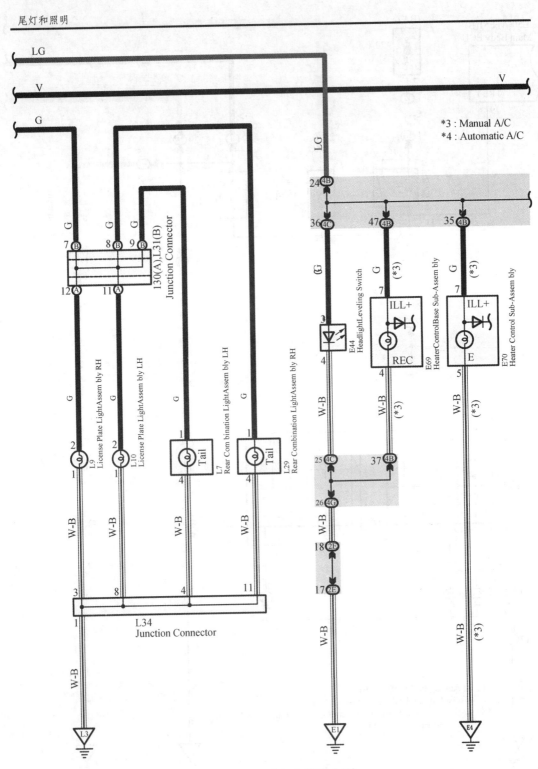

*3 : Manual A/C
*4 : Automatic A/C

图 4-1-12　小灯电路图（3）

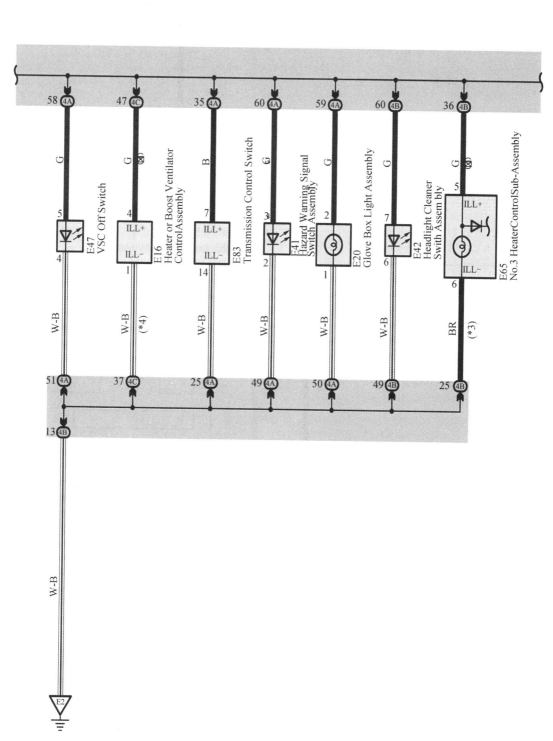

图 4-1-12　小灯电路图（4）

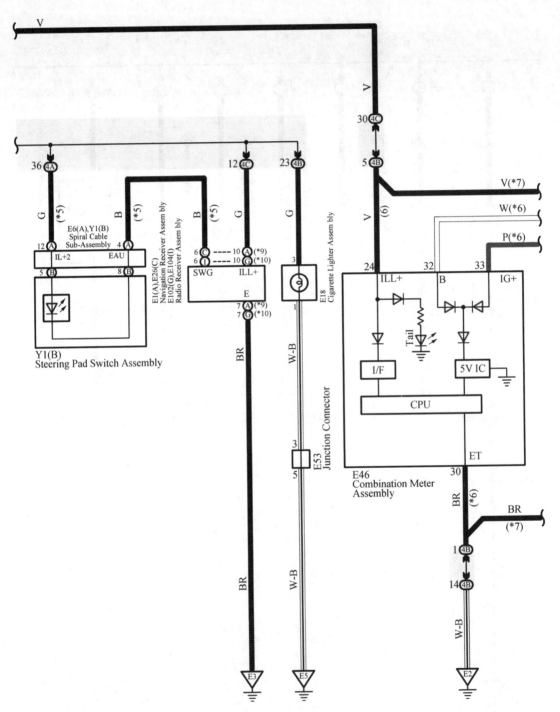

图 4-1-12 小灯照明灯（5）

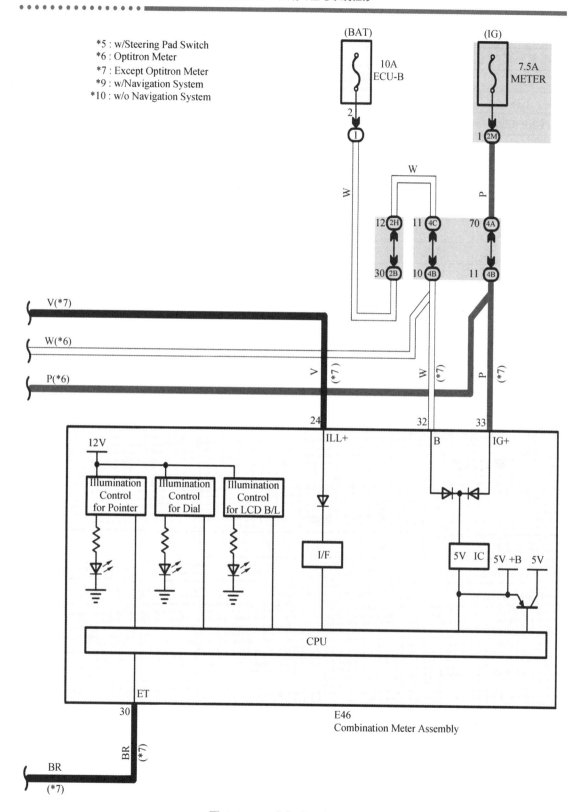

图 4-1-12　小灯照明灯（6）

表 4-1-1 卡罗拉照明系统零部件

零部件代码	名　　称	零部件代码	名　　称
E50	车身控制模块	L9	右侧牌照灯总成
E38	电源开关	L10	左侧牌照灯总成
T-LP Reay	小灯继电器	L7	左后组合灯总成
E8	前照灯变光开关总成	L29	右后组合灯总成
E60	前照灯变光开关总成	E44	前照灯高度调节开关灯
A8	左前示宽灯	E69	空调面板底座照明灯
A19	右前示宽灯	E70	空调面板分总成照明灯
E47	VSC 开关照明灯	E65	空调面板分总成照明灯
E41	危险警告灯开关照明灯	E20	手套箱灯
E42	大灯清洗器开关照明灯	Y1	方向盘控制开关照明灯
E46	组合仪表总成	E18	点烟器照明灯

车身控制模块由常电源 10 A ECU-8、点火钥匙 ACC 挡 7.5 A-ACC、点火钥匙 "ON" 挡 10 A ECU-IG NO.1 和车门保险丝 25 A DOOR 提供电源，将前照灯变光开光旋置 "Tal/ EDGE" 时，电路走向为：蓄电池正极（BAT）→120 ALT 保险丝→小灯继电器控制线圈输入端→小灯继电器控制线圈输出端→前照灯变光开关总成 18 号(T)→前照灯变光开关总成 12 号(E-E1 搭铁，通过小灯继电器控制前照灯左右示宽灯、后面左右尾灯、牌照灯、仪表照明灯、室内各操作开关照明灯和手套箱灯工作。

2. 前照灯电路

前照灯电路如图 4-1-13 所示。各零部件代码及名称如表 4-1-2 所示。

表 4-1-2 前照灯零部件代码及名称

零部件代码	名　　称	零部件代码	名　　称
H-LP Reay	近光继电器	A37	右近光灯
DMMER Reay	远光继电器	E46	组合仪表远光指示灯
A38	左远光灯	E60	前照灯变光开关总成
A65	左近光灯	A64	右近光灯

1）近光灯电路工作原理

大灯工作时，必须操作小灯才能开大灯，如图 4-1-13 所示。前照灯变光开关必须从 "OFF" 调到 "Tal"，让小灯工作，然后才能调到大灯 "Head"，前照灯变光开关 "Low" 挡位接通，近光灯就工作。近光灯电路：蓄电池→50 A H-LP MAIN 保险丝→近光继电器 1 号端子→近光继电器 2 号端子→前照灯变光开关总成 8 号端子（HL）→近光开关的 HL 端子→近光开关的 H 端子→大灯（Head）的 H 端子→大灯（Head）的 E 端子→前照灯变光开关总成 11 号端子（ED）→搭铁，让近光继电器线圈通电工作；蓄电池→50 A H-LP MAIN 保险丝→近光继电器 5 号端子→近光继电器 3 号端子→左右近光各保险丝→左右近光灯泡→搭铁，近光灯工作。

前大灯（不带自动灯控）

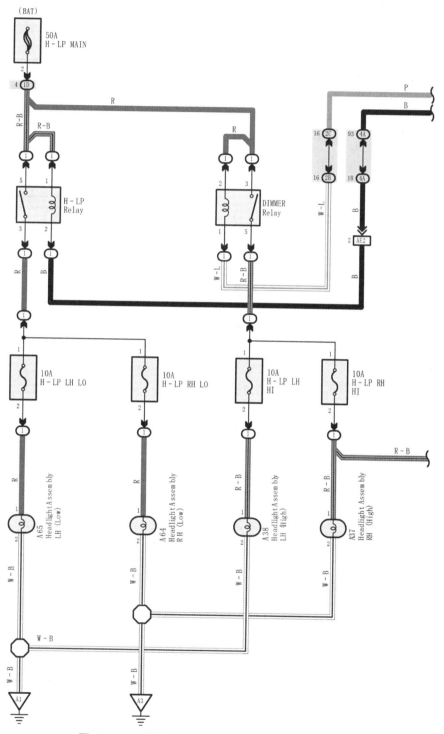

图 4-1-13 前照灯电路图（1）

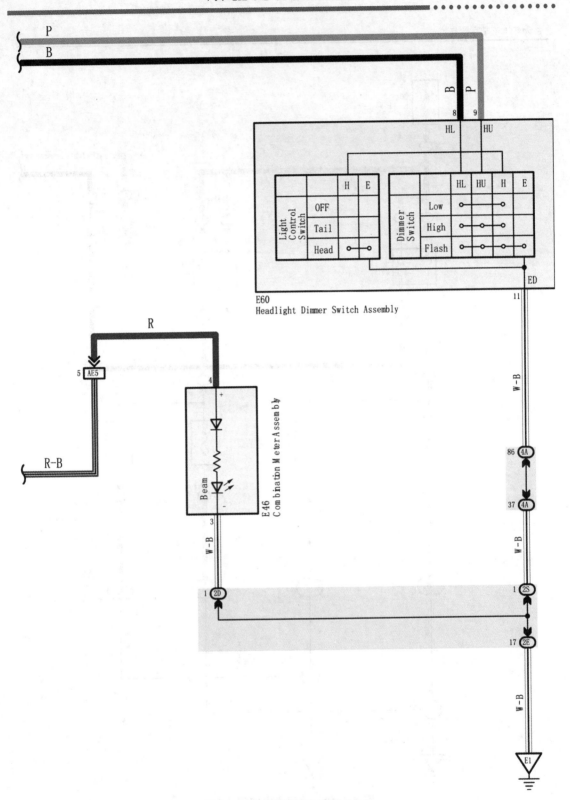

图 4-1-13 前照灯电路图（2）

2）远光灯电路工作原理

将前照灯变光开关操纵杆往后按，大灯的"High"挡位接通，大灯的远光灯工作。近光灯电路：蓄电池→50 A H-LP MAIN 保险丝→远光继电器 1 号端子→远光继电器 2 号端子→前照灯变光开关总成 9 号端子（HU）→远光开关的 HU 端子→远光开关的 H 端子→大灯（Head）的 H 端子→大灯（Head）的 E 端子→前照灯变光开关总成 11 号端子（ED）→搭铁，让远光继电器线圈通电工作；蓄电池→50 A H-LP MAIN 保险丝→远光继电器 5 号端子→远光继电器 3 号端子→左右远光各保险丝→左右远光灯泡→搭铁，远光灯工作；蓄电池→50 A H-LP MAIN 保险丝→远光继电器 5 号端子→远光继电器 3 号端子→右远光保险丝→组合仪表远光指示灯→搭铁，远光指示灯工作；由于远光挡位时，让近光继电器线路接通，因此在远光工作时，近光灯也工作。

3）超车灯电路工作原理

超车灯开关是将大灯组合开关操作杆往方向盘按一下就调至"Flash"挡位，超车灯工作。超车挡时近光灯电路：蓄电池→50 A H-LP MAIN 保险丝→近光继电器 1 号端子→近光继电器 2 号端子→前照灯变光开关总成 8 号端子（HL）→超车开关的 HL 端子→超车开关的 E 端子→前照灯变光开关总成 11 号端子（ED）→搭铁，让近光继电器线圈通电工作；蓄电池→50 A H-LP MAIN 保险丝→近光继电器 5 号端子→近光继电器 3 号端子→左右近光各保险丝→左右近光灯泡→搭铁，近光灯工作。

超车挡时远光灯电路工作原理：蓄电池→50 A H-LP MAIN 保险丝→远光继电器 1 号端子→远光继电器 2 号端子→前照灯变光开关总成 9 号端子（HU）→超车开关的 HL 端子→超车开关的 E 端子→前照灯变光开关总成 11 号端子（ED）→搭铁，让远光继电器线圈通电工作；蓄电池→50 A H-LP MAIN 保险丝→远光继电器 5 号端子→远光继电器 3 号端子→左右远光各保险丝→左右远光灯泡→搭铁，远光灯工作；蓄电池→50 A H-LP MAIN 保险丝→远光继电器 5 号端子→远光继电器 3 号端子→右远光保险丝→组合仪表远光指示灯→搭铁，远光指示灯工作。

从卡罗拉前照灯的电路工作原理可知：大灯工作时必须打开小灯，远光灯工作时近光灯也在工作，在仪表组合仪表中有远光工作指示灯亮；超车灯不受小灯挡位限制，能够让进、远灯都工作。

3. 前雾灯电路

前雾灯电路如图 4-1-14 所示。各零部件代码及名称如表 4-1-3 所示。

表 4-1-3 前雾灯各零部件代码及名称

零部件代码	名 称	零部件代码	名 称
T-LP Reay	小灯继电器	E60	前照灯变光开关总成
FR FOG Reay	前雾继电器	E46	组合仪表远光指示灯
A25	左前雾灯	E50	车身控制模块
A22	右前雾灯	E8	前照灯变光开关总成

*1 : w/ Automatic Light Control
*2 : w/o Automatic Light Control
*3 : Optitron Meter
*4 : Except Optitron Meter

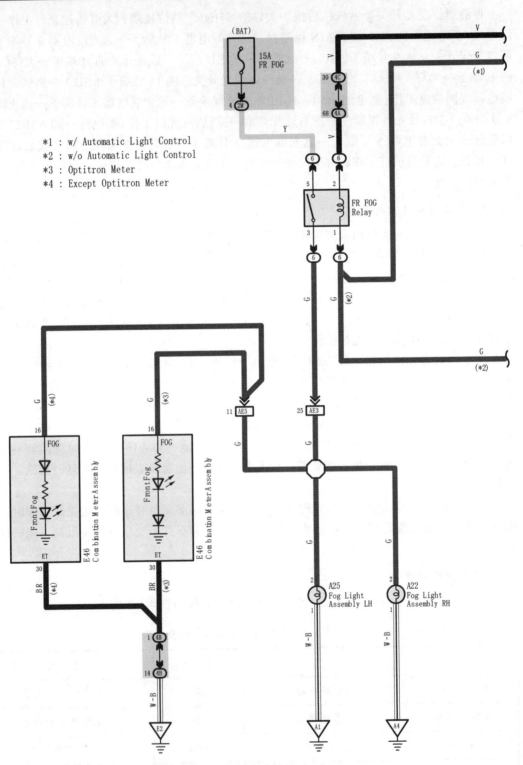

图 4-1-14　前雾灯电路图（1）

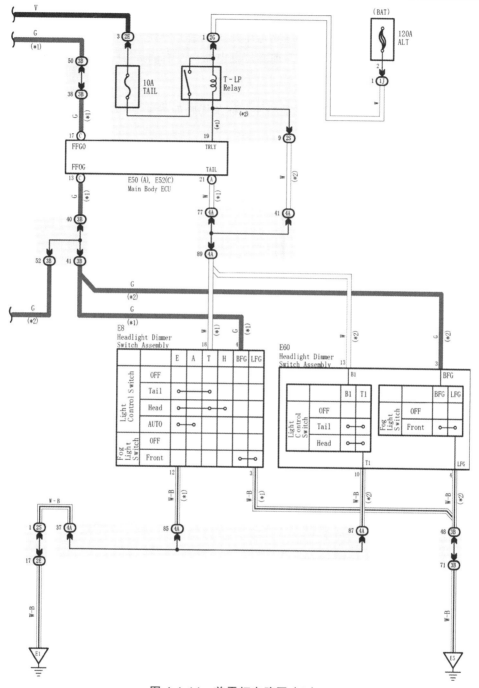

图 4-1-14　前雾灯电路图（2）

如图 4-1-14 所示，从电路图中可知，因车型配置不一样，控制的逻辑不一样，下面介绍
（＊2）不带车身控制模块控制的电路原理。雾灯工作时需要先让小灯继电器工作，工作电路：
电池正极（BAT）→120 ALT 保险丝→小灯继电器控制线圈输入端→小灯继电器控制线圈输
出端—前照灯变光开关总成 13 号（T）→前照灯变光开关总成 B1→前照灯变光开关总成 T1
—E1 搭铁，前照灯变光开关总成的小灯挡位和大灯挡位都能让小灯继电器工作；蓄电池正极

（BAT）→120 ALT 保险丝→小灯继电器→10 A TAIL 保险丝→雾灯继电器 2 号端子→雾灯继电器 1 号端子→*2 绿色线→E60 前照灯变光开关 3 号端子→雾灯开关 BFG→雾灯开光 LFG—E5 搭铁；蓄电池正极→前雾灯保险丝→前雾灯继电器→左右前雾灯→搭铁，前雾灯工作。

4. 后雾灯电路

后雾灯电路如图 4-1-15 所示。各零部件名称及代码如表 4-1-4 所示。

后雾灯

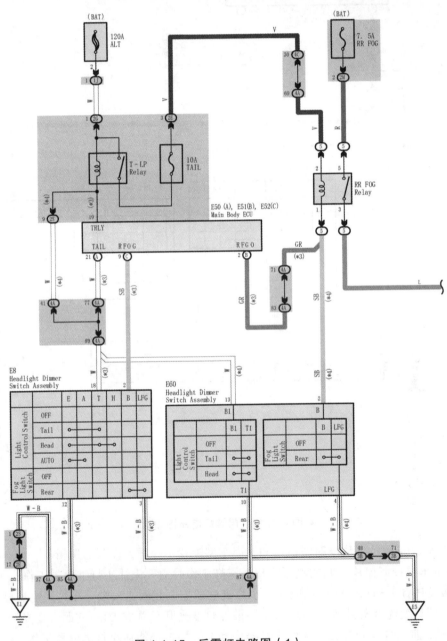

图 4-1-15　后雾灯电路图（1）

后雾灯

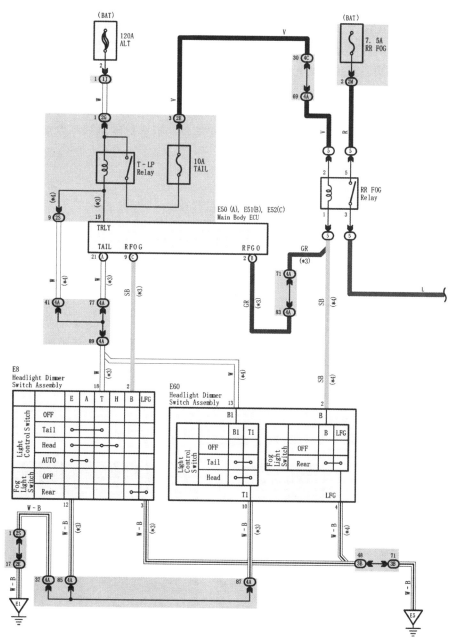

图 4-1-15　后雾灯电路图（2）

表 4-1-4　后雾灯零部件代码及名称

零部件代码	名　称	零部件代码	名　称
T-LP Reay	小灯继电器	E60	前照灯变光开关总成
RR FOG Reay	后雾继电器	E46	组合仪表后雾指示灯
E8	前照灯变光开关总成	E50	车身控制模块
L11	左后雾灯		

如图 4-1-14 所示，从电路图中可知，各车型配置不一样，后雾灯控制的逻辑不一样，下面介绍（*2）不带车身控制模块控制的电路原理。雾灯工作时需要先让小灯继电器工作，工作电路：电池正极（BAT）→120 ALT 保险丝→小灯继电器控制线圈输入端→小灯继电器控制线圈输出端→前照灯变光开关总成 13 号（T）→前照灯变光开关总成 B1→前照灯变光开关总成 T1→E1 搭铁，前照灯变光开关总成的小灯挡位和大灯挡位都能让小灯继电器工作；蓄电池正极（BAT）→120 ALT 保险丝→小灯继电器→10 A TAIL 保险丝→后雾灯继电器 2 号端子→后雾灯继电器 1 号端子→*2 天蓝色线→E60 前照灯变光开关 2 号端子→雾灯开关 B→雾灯开光 LFG—E5 搭铁；蓄电池正极→后雾灯保险丝→后雾灯继电器→左后雾灯→搭铁，左后雾灯工作。

二、基本技能

卡罗拉照明系统操作及检查

1. 准备工作

（1）防护装备：工作服；工作帽；手套；劳保鞋。

（2）车辆、台架、总成：卡罗拉整车或其他车型。

（3）手工工具：拆装工具一套。

（4）辅助材料：翼子板布和前格栅布、三件套、抹布、手套、白板笔等。

2. 实施步骤

（1）检查仪表板灯，如图 4-1-16 所示。

① 进入车内启动发动机并保持怠速运转。

② 将变光器开关旋至一挡"〓D〓"，检查仪表板灯是否正常亮起。

图 4-1-16　检查仪表灯

（2）检查前照灯近远光及其指示灯，如图 4-1-17 所示。

① 变光器开关保持二挡"〓D"，检查前照灯近光是否正常亮起。

② 将变光器开关向后推，检查仪表板前照灯远光指示灯是否正常亮起和前照灯远光是否正常亮起。

③ 将变光器开关回至"〓D〓"位置。

图 4-1-17 检查前照灯近远光及指示灯

（3）检查前雾灯及其指示灯，如图 4-1-18 所示。

保持变光器开关在一挡位置，将变光器开关内圈转动一挡"$\boxed{\text{ED}}$"，检查仪表板前雾灯指示灯是否正常亮起，检查后雾灯是否正常亮起。

图 4-1-18 检查前雾灯及其指示灯

（4）检查后雾灯及其指示灯，如图 4-1-19 所示。

① 保持变光器开关在一挡位置，将变光器开关内圈转动二挡"$\boxed{\text{OE}}$"，检查仪表板后雾灯指示灯是否正常亮起，检查后雾灯是否正常亮起。

② 将变光器开关内圈、外圈回位以关闭雾灯和小灯。

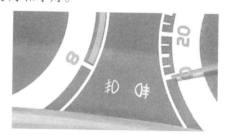

图 4-1-19 检查后雾灯及其指示灯

（5）检查超车灯和指示灯，如图 4-1-20 所示。

① 将变光器开关向前拉放两次，检查仪表板远光指示灯是否正常亮起。

② 检查超车灯是否正常亮起。

图 4-1-20 检查超车灯及其指示灯

三、知识拓展

电子照明系统

许多照明电路使用传感器、继电器和电子模块控制实现照明功能。

1. 自动照明控制

在某些车辆上，有几种类型的自动照明控制系统正在使用，根据环境光照传感器感应到的光线亮度自动控制车外灯。该传感器通常安装在仪表板的顶部。光照水平较高（日光）时，车外灯将保持熄灭状态。随着光线变暗，光传感器向模块发送信号以打开车外灯。此外，可用前照灯开关随时打开车外灯。

2. 自动前照灯变光

某些车辆具有可使用光传感器提醒对面有车的电路。如果前照灯远光点亮，则模块会在传感器感应到足够的光时，将前照灯切换为近光。通常可使用仪表板上的变阻器调节电路的灵敏度。

3. 灯光模块或车身控制模块

如图 4-1-21 所示，某些车辆使用灯光模块或车身控制模块（BCM 或 ECU）以控制车辆照明。模块接收来自各开关的输入信号，并通过继电器或电子开关向相应的灯供电。通常使用电子模块控制车外自动照明、前照灯延时熄灭和上车照明系统。

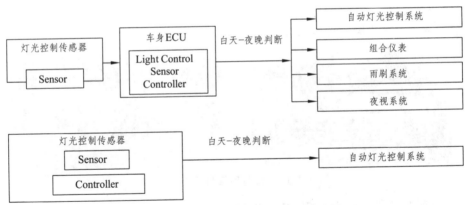

图 4-1-21　电子模块控制的照明电路图

4. 日间行车灯

日间行车灯（DRL）模块可在白天用较低的功率打开前照灯。此安全装置可使车辆更容易被看到。在白天以较低的功率操作灯可延长灯泡的寿命。某些 DRL 电路使用安装在仪表板上的环境光照传感器。环境光照传感器"看到"光照水平降低时，模块将为照明灯提供正常功率以便夜间行驶。

通常情况下，点火开关打开并且变速器处于挂挡状态时，前照灯会在 DRL 模式下工作。某些 DRL 电路无法使用光传感器。在这种情况下，必须手动打开前照灯来获得正常的夜间亮度。示宽灯、尾灯等其他车外灯不受 DRL 的影响。它们由前照灯开关控制。

四、学习小结

（1）汽车照明信号系统主要包括照明与标识信号两大部分。

（2）汽车照明系统可以分为车外照明和车内照明两部分。车外照明主要包括前照灯、雾灯、牌照灯等；车内照明一般包括仪表灯、顶灯和开关照明灯。

（3）前照灯主要由灯泡、反射镜、配光镜组成，分为近光和远光。

（4）小灯在不同情况和位置叫法不一样，在停时叫停车灯，在车辆前部叫示宽灯、在车辆后部叫尾灯；在小灯挡时，示宽灯、尾灯、牌照灯、仪表照明灯和车内各种电器操作面板灯都会工作。

（5）2010款卡罗拉前照灯电路图分析。

五、任务分析

本情境中，发现灯光不亮，首先要检查灯泡是否烧毁，然后检查控制线路（保险丝、继电器）和开关。

六、自我评估

1. 填空题

（1）前照灯主要由灯泡、反射镜、_____组成，分为_____和远光。

（2）前照灯工作时，必须操作_____才能开前照灯。

2. 判断题

（1）卡罗拉要让雾灯工作必须打开前照灯。（　　　）

（2）卡罗拉前照灯变光开关打到小灯挡位时，牌照灯不会亮。（　　　）

（3）卡罗拉前照灯远光工作时近光不会工作。（　　　）

3. 选择题

卡罗拉打到小灯时（　　　）不会工作。

A. 示宽灯　　　　　　　　　　B. 尾灯

C. 阅读灯　　　　　　　　　　D. 仪表照明灯

工作任务二　信号系统检修

任务情境

一、任务描述

一辆丰田卡罗拉轿车，打左转弯灯比打右转弯灯闪烁的要快很多。你的主管把检修任务交给你，你能完成吗？

二、任务提示

根据故障现象，要进行检修，需要掌握转向灯控制的结构原理。

任务目标

一、知识目标

（1）能描述信号系统的组成及作用。
（2）能描述卡罗拉转向灯、危险警告灯、倒车灯、制动灯的电路原理。

二、能力目标

能进行卡罗拉信号系统的操作及检查。

必备知识

一、基本知识

（一）信号的类型及作用

图 4-2-1　组合灯实车图

1. 转向信号灯

为了指示车辆的行驶方向，汽车上都装有转向信号灯。转向信号灯一般有 4 只或 6 只，装在汽车前部、后部或侧面的组合灯中，如图 4-2-1 所示，功率一般为 20 W，用于在汽车转弯时发出明暗交替的闪光信号，使前后车辆、行人、交警知其行驶方向。

转向信号灯一般应具有一定的频闪，国标中规定 60 ~ 120 次/min。

2. 危险警告灯

危险警告灯与转向信号灯共用。当车辆出现故障停在路面上时，按下危险警告开关，转向灯全部闪亮，提醒后方车辆注意避让。

3. 制动灯

制动灯（刹车灯）装于汽车后部，用于当汽车制动或减速停车时，向车后发出灯光信号，以警示随后车辆及行人。制动灯多采用组合式灯具，一般与尾灯共用 LED 灯。

4. 倒车灯

倒车灯装于汽车尾部，左右各一只，白色。用于照亮车后路面，并警告车后的车辆和行人，表示该车正在倒车。

5. 尾 灯

尾灯装于汽车尾部，左右各一只，红色。用于在夜间行驶时向后面的车辆或行人提供位置信息。

6. 示宽灯

示宽灯装于汽车前后两侧边缘，白色，用于标示汽车夜间行驶或停车时的宽度轮廓。

（二）卡罗拉信号系统电路

1. 转向信号和危险警告灯电路（见图4-2-2）

转向信号和危险警告灯

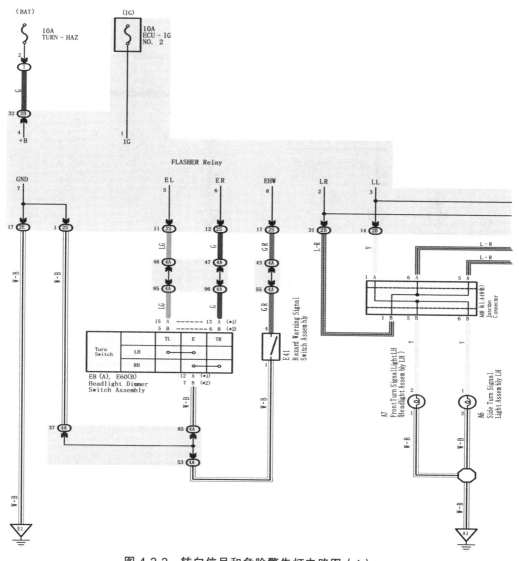

图 4-2-2 转向信号和危险警告灯电路图（1）

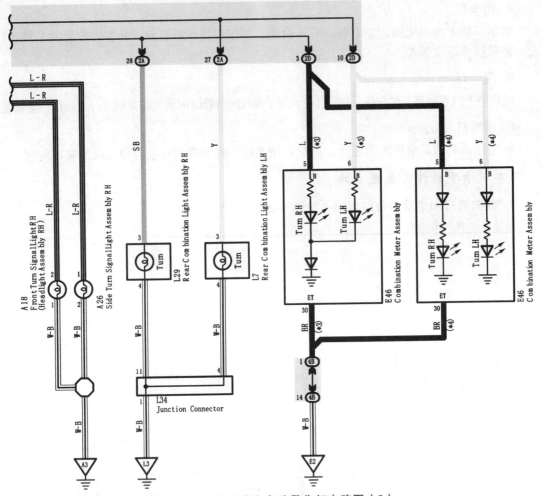

图 4-2-2　转向信号和危险警告灯电路图（2）

各零件代码及名称如表 4-2-1 所示。

表 4-2-1　各零件代码及名称

零件代码	名　称	零件代码	名　称
FLASHER Relay	闪光继电器	E41	危险警告灯开关
E8（turn switch）	转向灯开关	A4	连接器
A7	左前转向灯	A6	左侧转向灯
L7	左后转向灯	E46（turn LH）	左转向指示灯
A18	右前转向灯	A26	右侧转向灯
L29	右后转向灯		

从电路图可知：闪光继电器是集成式的，蓄电池正极经过转向信号、危险警告灯保险丝（10 A TURN-HAZ）和点火开关过来的保险丝（10 A ECU-IG NO.2）向闪光继电器供电。

（1）左转向电路工作原理。

当转向灯开关打到左转"LH"挡位时，转向灯开关"TL"和"E"接通，这时，开关线路为：闪光继电器 5 号端子→转向灯开关 5 号端子→转向灯开 12 号端子→搭铁 E1，这时闪光继电器就接受到左转向的信号，就通过闪光继电器 3 号控制左前转向灯、左侧转向灯、左后转向灯和左侧指示灯供电的时间和频率，让左侧转向灯按一定频率工作。

（2）右转向电路工作原理。

当转向灯开关打到左转"RH"挡位时，转向灯开关"RL"和"E"接通，这时，开关线路为：闪光继电器 6 号端子→转向灯开关 6 号端子→转向灯开 12 号端子→搭铁 E1，这时闪光继电器就接收到右转向的信号，通过闪光继电器 2 号控制右前转向灯、右侧转向灯、右后转向灯和右侧指示灯供电的时间和频率，让右侧转向灯按一定频率工作。

（3）危险警告灯电路工作原理。

当转向灯开关按下中空调危险警告灯开关时，开关线路为：闪光继电器 8 号端子→危险警告灯开关 4 号端子→危险警告灯开关 1 号端子→搭铁 E1，这时闪光继电器就接收到危险警告灯开关信号，通过闪光继电器 2 号控制右前转向灯、右侧转向灯、右后转向灯和右侧指示灯和通过闪光继电器 3 号控制左前转向灯、左侧转向灯、左后转向灯和左侧指示灯的供电，让他们同时闪烁工作。

2. 刹车灯电路（见图 4-2-3）

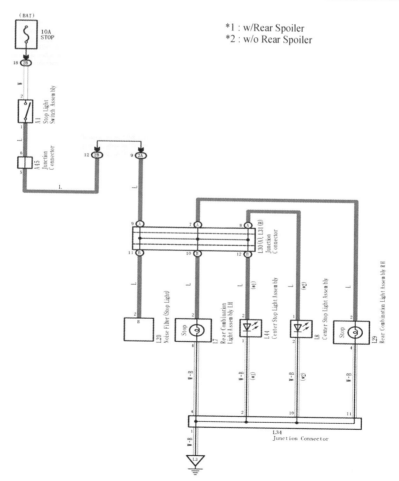

图 4-2-3　刹车灯电路图

各零件代码及名称如表 4-2-2 所示。

表 4-2-2 各零件代码及名称

零件代码	名 称	零件代码	名 称
10 A STOP	刹车灯保险丝	A1	刹车灯开关
L20	静噪声滤波器（刹车灯）	L7	左后刹车灯（左尾灯总成）
L44	高位刹车灯	L8	高位刹车灯
L29	右后刹车灯（右尾灯总成）		

从电路图可知，刹车灯开关动作时，电路走向：蓄电池正极→10 A STOP 保险丝→刹车灯开关→连接器 L30 的 9 号端子→分别给连接器 L30 的 7 号、8 号、10 号、11 号、12 号端子供电，让各刹车灯工作。

3. 倒车灯电路（见图 4-2-4）

倒车灯

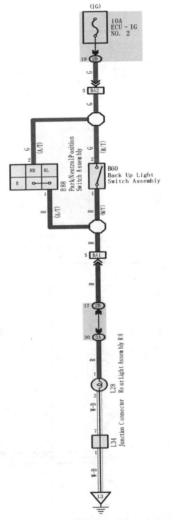

图 4-2-4 倒车灯电路图

各零件代码及名称如表 4-2-3 所示。

表 4-2-3　各零件代码及名称

零件代码	名　称	零件代码	名　称
B88	自动变速器倒车灯开关	B60	手动变速器倒车灯开关
L28	右后倒车灯（右尾灯总成）		

当挂入倒挡时，电压经过点火开关→10 A ECU-IG NO.2 保险丝→倒车灯开关→倒车灯→L3 搭铁，倒车灯工作。

二、基本技能

卡罗拉信号系统操作及检查

1. 准备工作

（1）防护装备：工作服；工作帽；手套；劳保鞋。

（2）车辆、台架、总成：卡罗拉整车或其他车型。

（3）手工工具：拆装工具一套。

（4）辅助材料：翼子板布和前格栅布、三件套、抹布、手套、白板笔等。

2. 实施步骤

（1）检查左转向灯，如图 4-2-5 所示。

① 将变光器开关向下拉，检查仪表板左转向信号灯指示灯是否正常闪烁并观察其闪烁频率。

② 检查左转向信号灯是否正常闪烁及闪烁频率，正常闪烁频率为每秒 1～2 次。

③ 将变光器开关回位，关闭左转向信号灯。

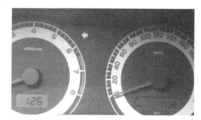

图 4-2-5　检查左转向灯

（2）检查右转向灯，如图 4-2-6 所示。

① 将变光器开关向上拉，检查仪表板右转向信号灯指示灯是否正常闪烁及闪烁频率。

② 检查右转向信号灯是否正常闪烁及闪烁频率，正常闪烁频率为每秒 1～2 次。

③ 将变光器开关回位，关闭右转向信号灯。

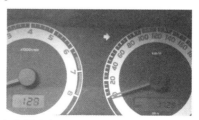

图 4-2-6　检查右转向灯

（3）检查危险警告灯，如图 4-2-7 所示。

① 按下危险警告灯开关按钮，检查仪表板危险警告灯指示灯是否正常闪烁。

② 检查危险警告灯是否正常闪烁。

③ 关闭危险警告灯开关。

图 4-2-7　检查危险警告灯

（4）检查转向灯开关自动回位功能，如图 4-2-8 所示。

将转向灯开关向下拉，逆时针转动转向盘约 90°，再将转向盘顺时针转至原始中间位置，检查转向灯开关是否会自动回到中间原始位置。

（5）检查制动灯，如图 4-2-9 所示。

① 踩下制动踏板，检查制动灯（包括高位制动灯）是否正常亮起。

② 释放制动踏板，检查制动灯（包括高位制动灯）是否熄灭。

图 4-2-8　检查转向灯开关自动回位功能　　　图 4-2-9　踩下制动踏板

（6）检查倒车灯。

① 打开点火开关，但不要启动发动机。

② 如图 4-2-10 所示，将换挡杆置于"R"倒挡位置，检查倒车灯是否正常亮起。

③ 将倒车挡回位到空挡。

三、知识拓展

闪光器的工作原理

当汽车要向左或向右转时，通过操纵转向灯开关，使车辆左边或右边的转向信号灯经闪

图 4-2-10　挂入倒挡

光器通电而闪烁发光。转向后,回转方向盘,方向盘控制装置可自动使转向灯开关回位,转向灯熄灭。

转向信号灯的频闪由闪光器控制。闪光器主要有电热式、电容式和晶体管式三种类型。电热式闪光器虽然结构简单,制造成本低,但是闪光频率不够稳定,使用寿命短,已被淘汰。

闪光器虽已逐渐被电脑控制所取代,但为了讲述闪光原理方便,下面仍以此为例来介绍转向灯闪光原理。

如图 4-2-11 所示为电容式闪光器工作原理图。

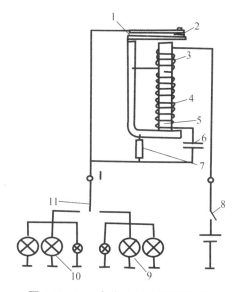

图 4-2-11　电容式闪光器原理图
1—弹簧片;2—触点;3、4—线圈;5—铁心;6—电容器;7—灭弧电阻;8—电源开关;
9—右转向信号灯和指示灯;10—左转向信号灯和指示灯;11—转向灯开关

当汽车向左转弯、接通转向灯开关 11 时,电流便从蓄电池正极→电源开关 8→接线柱 B→线圈 3→常闭触点 2→接线柱 L→转向灯开关 11→左转向信号灯和指示灯 10→搭铁→蓄电池负极构成回路。

此时线圈 4、电容器 6 及灭弧电阻 7 被触点 2 短路,而电流通过线圈 3 产生的电磁吸力大于弹簧片 2 的作用力,触点 2 迅速被打开,转向灯处于暗的状态(转向灯尚未来得及亮)。

触点 2 打开后,蓄电池向电容器 6 充电,其充电电流由蓄电池正极→电源开关 8→接线柱 B→线圈 3→线圈 4→电容器 6→接线柱 L→转向灯开关 11→左转向信号灯和指示灯 10→搭铁→蓄电池负极构成回路。由于线圈 4 电阻较大,充电电流很小,不足以使转向信号灯亮,故转向灯仍处于暗的状态。同时充电电流通过线圈 3、4 产生的电磁吸力方向相同,使触点继续打开。随着电容器两端电压的逐渐升高,其充电电流逐渐减小,线圈 3、4 的电磁吸力减小,使触点 2 重新闭合。

触点 2 闭合后,转向灯处于亮的状态,由于此时电容器 6 通过线圈 4 和触点 2 放电,其放电电流通过线圈 4 产生的磁场方向与线圈 3 的相反,电磁吸力的合力较小,故触点仍保持闭合,转向灯继续发亮。随着电容器的放电,电容器两端电压逐渐下降,其放电电流逐渐减小,则线圈 3、4 的电磁吸力的合力增强,触点 2 又重打开,灯变暗。

如此反复，触点不断开闭，使转向灯闪亮。灭弧电阻 7 与触点 2 并联，用来减小触点火花。

四、学习小结

（1）信号系统的组成有转向信号灯、危险警告灯、制动灯、倒车灯、尾灯和示宽灯等。
（2）转向灯、危险警告灯、倒车灯、制动灯的电路原理。
（3）信号系统的操作及检查。

五、任务分析

本情境中，需要首先检查转向灯泡是否有烧毁或接触不良现象，发现异常则更换灯泡或重新安装。如果故障未排除，进行线路检查。

六、自我评估

1. 填空题

转向信号灯一般应具有一定的频闪，_____国标中规定_____次/min。

2. 判断题

（1）危险警告灯与转向信号灯共用。（   ）
（2）示宽灯装于汽车左右两侧边缘，用于标示汽车夜间行驶或停车时的宽度轮廓。（   ）

学习项目五　组合仪表系统检修

本学习项目学习组合仪表系统检修，包括两个工作任务：任务一——组合仪表检修；任务二——车速表不动作检修。学生通过两个工作任务的学习，掌握组合仪表系统的作用及组成，掌握常见仪表报警灯的工作原理，能够进行组合仪表检查和对车速表等故障进行检修。

工作任务一　组合仪表检查

■任务情境

一、任务描述

一辆卡罗拉轿车，车主反映组合仪表显示不正常，要求检查。你的主管把这个任务交给你，你能完成吗？

二、任务提示

组合仪表结构复杂，必须了解各显示区域的功能。

■任务目标

一、知识目标

（1）能描述组合仪表系统的作用。
（2）能描述汽车上常见的仪表显示。
（3）能描述汽车上常见的报警灯。

二、任务目标

能够正确操作并检查仪表指示灯的工作情况。

■必备知识

一、基本知识

（一）仪表与报警系统概述

仪表是反映车辆各个系统工作状况的装置。为了使驾驶员随时观察并掌握汽车各系统的工作状态，在驾驶室仪表板上设有各种指示仪表。

随着汽车排放、节能、安全和舒适性等使用性能的不断提高，汽车电子控制装置的应用程度也越来越高。汽车电子控制装置不仅能够迅速、准确地处理各种信息，而且能够通过电子仪表显示出来，使驾驶员及时了解汽车的运行状态并妥善处理各种情况。

目前，传统的机械仪表已经被现代电子仪表所取代。汽车电子仪表不仅具有现有的车速、里程、发动机转速、燃油、水温、转向灯指示等指示功能，还具有轮胎气压、制动装置、安全气囊、发动机自检等报警功能，如图 5-1-1 所示。

图 5-1-1 组合仪表实物图

（二）仪表与报警系统的组成

汽车仪表主要包括车速里程表、发动机转速表、水温表、燃油表、机油压力表等；报警系统主要包括制动压力报警、制动液液面报警、机油压力报警、燃油量报警、水温报警、倒车报警、座椅安全带报警、前照灯未关及点火钥匙未拔报警等。

1. 汽车仪表

（1）车速里程表。

车速里程表如图 5-1-2 所示，车速里程表是用来指示汽车行驶速度和累计行驶里程数的仪表。它由车速表和里程表两部分组成，部分车速里程表上还带有里程小计表和里程小计表复位杆。

车速表是现代车辆必备的仪表之一，它显示的是汽车的时速，公制单位是公里/小时（km/h），有些欧美国家采用英制单位。传统的车速表是机械式的，现在很多轿车仪表已经装备了使用传感器的电子车速表。

图 5-1-2 车速里程表实物图

里程表是记录车辆行驶里程的仪表，多整合在速度表内。它对于车主判断车辆的整体状态有着特别的作用。传统的里程表是机械式的，目前很多车型采用了电子里程表。

小计里程表是记录车辆某一段短途行驶里程的仪表，多与里程表整合在一起，能够随时清零。它能帮助车主掌握某段路程的长短以及计算油耗等。

（2）发动机转速表。

发动机转速表如图 5-1-3 所示，发动机转速表用来指示发动机运转速度的仪表，通常设置在仪表板内，与车速里程表对称地放置在一起。一般转速表单位是千转/每分钟，即显示发动机每分钟转多少千转。驾驶员可以通过该表了解发动机的运转情况，并据此决定挡位和油门的配合，使车辆处于最佳运行状态，减少油耗，延长发动机寿命。

（3）水温表。

水温表实物图如图 5-1-4 所示，水温表是用来指示发动机内部冷却水温度的仪表，单位是摄氏度。由于传统汽车发动机都是用水来充当冷却液，所以称为水温表。现代汽车基本上都已用上了专门的冷却液。水温表由装在气缸盖水套中的温度传感器和装在仪表板上的水温指示表组成。

（4）燃油表。

燃油表实物图如图 5-1-5 所示，表用来指示燃油箱内燃油储存量的仪表，它由装在燃油箱内的传感器和装在仪表板上的燃油指示表组成。

图 5-1-3　发动机转速表实物图　　图 5-1-4　水温表实物图　　图 5-1-5　燃油表实物图

燃油表中的"1/1""1/2"和"0"分别表示满油、半箱油和无油，也有车型用"F"表示满油，"E"表示无油。

2. 汽车报警系统

汽车常见的报警灯如表 5-1-1 所示。

表 5-1-1　常见报警灯

图标	名称	作用
CHECK	发动机报警灯	该指示灯用来监测车辆发动机的工作状况，如常亮则说明车辆的发动机出现了机械或电控故障，需要维修
	机油报警灯	该指示灯用来监测发动机内机油的压力状况。该指示灯常亮，说明该车发动机机油压力超出规定标准，需要维修
	燃油报警灯	该指示灯用来监测车辆内的储油量，如启动后该指示灯点亮，则说明车内油量已不足

续表 5-1-1

图标	名称	作用
EPC	电子油门报警灯	常见于大众品牌车型中。如车辆启动后仍不熄灭，说明车辆电子油门的机械与电子系统出现故障
	水温报警灯	该指示灯用来监测发动机内冷却液的温度，水温指示灯常亮，说明冷却液温度超过规定值，需立刻暂停行驶。水温正常后熄灭
	手刹报警灯	该指示灯用来监测车辆手刹的状态，平时为熄灭状态。当手刹被拉起后，该指示灯自动点亮。手刹被放下时，该指示灯自动熄灭。有的车型在行驶中未放下手刹会伴随有警告音
	刹车片报警灯	该指示灯是用来监测车辆刹车片磨损的状况。一般该指示灯为熄灭状态，当刹车片出现故障或磨损过度时，该灯点亮，修复后熄灭
	ABS报警灯	该指示灯用来监测ABS工作状况。启动后点亮，表明ABS出现故障，需维修
	充电报警灯	该指示灯用来监测充电系统。打开钥匙门，车辆开始自检时，该指示灯常亮。启动后自动熄灭。如果启动后电瓶指示灯常亮，说明充电系统出现问题，需要维修
	车门报警灯	该指示灯用来监测车辆各车门关闭状况，任意车门未关上，或者未关好，该指示灯都有点亮相应的车门指示灯，提示车主车门未关好，当车门关闭或关好时，相应车门指示灯熄灭
	雨刮液报警灯	该指示灯是用来监测车辆雨刮液清洗液的多少，平时为熄灭状态，该指示灯点亮时，说明车辆所装载玻璃清洁液已不足，需添加雨刮清洗液
	安全气囊报警灯	该指示灯用来监测安全气囊的工作状态，如果常亮，则安全气囊出现故障
	安全带报警灯	该指示灯用来监测安全带是否处于锁止状态，当该灯点亮时，说明安全带没有及时的扣紧。有些车型会有相应的提示音。当安全带被及时扣紧后，该指示灯自动熄灭

（三）仪表与报警系统工作原理

1. 汽车仪表的工作原理

（1）车速里程表的工作原理。

如图 5-1-6 所示为磁感应式车速里程表结构原理图。车速里程表的主动轴由与变速器输出轴相啮合的软轴驱动。汽车静止时，在盘形弹簧 4 的作用下，车速表指针位于刻度盘零位。汽车行驶时，主动轴带着永久磁铁 1 旋转，在铝罩 2 上形成磁涡流，该涡流产生一个磁场，旋转的永久磁铁的磁场与铝罩的磁场相互作用产生转矩，克服盘形弹簧的弹力，使铝罩 2 朝永久磁铁 1 转动方向转过一个角度，与盘形弹簧的弹力相平衡，指针便在刻度盘上指示出相应的车速。车速越高，永久磁铁旋转越快，铝罩上的磁涡流越强，形成的转矩越大，指针指示的车速也越高。

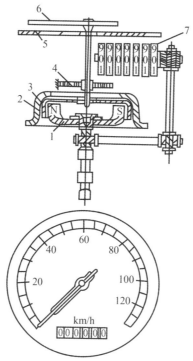

图 5-1-6 磁感式车速里程表结构原理图
1—永久磁铁；2—铝罩；3—磁屏；4—盘形弹簧；5—刻度盘；6—指针；7—数字轮

里程表则经蜗轮蜗杆机构减速后用数字轮显示。汽车行驶时，软轴带动主动轴，并经三对蜗轮蜗杆减速后驱动里程表右边第一数字轮逐级向左传到其余的数字轮，累计出行驶里程。同时，里程表上的齿轮通过中间齿轮，驱动里程小计表 1/10 km 位数字轮，并向左逐级传到其余的数字轮，显示出小计里程。里程表和里程小计表的任何一个数字轮转动一圈就可使其左边的数字轮转动 1/10 圈，形成 1：10 的传动比，这样就可以显示出行驶里程。当需要清除小计里程时，按一下里程小计表复位杆，即可使里程小计表的指示回零。

（2）发动机转速表的工作原理。

如图 5-1-7 所示为汽油机用的电容放电式转速表原理图，其转速信号来自于点火系统初级电路的脉冲信号。当断电器触点 K 闭合时，三极管 VT 的基极搭铁而处于截止状态，电源

经 R_3、C_3、VD_2，向电容 C_3 充电；当触点 K 断开时，三极管 VT 由截止转为导通，此时电容 C_3 经三极管 VT、转速表 n 和二极管 VD_1 构成放电回路，驱动转速表。发动机工作时，断电器触点的开闭频率与发动机的转速成正比，电容 C_3 不断进行充放电，通过转速表 n 的放电电流平均值也与发动机的转速成正比。电路中的稳压管 VD_3 使电容 C_3 有一个稳定的充电电压，提高转速表的测量精度。

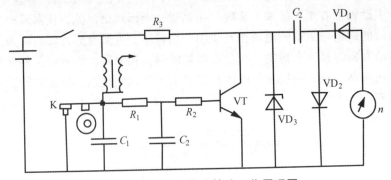

图 5-1-7　电容放电式转速工作原理图

（3）水温表的工作原理。

如图 5-1-8 所示为水温表工作原理图。当发动机温度较低时，水温传感器的电阻值很大，流过与其串联的主线圈的电流较小，致使主线圈产生的电磁吸力小于副线圈的电磁吸力。主、副线圈的电磁吸力的合力将指针吸向副线圈一侧，指针此时指向低温处。

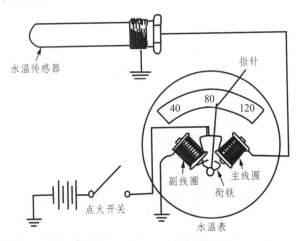

图 5-1-8　水温表工作原理图

当发动机温度升高时，水温传感器的电阻值减小，流过与其串联的主线圈的电流增大，致使主线圈产生的电磁吸力逐渐大于副线圈的电磁吸力。主、副线圈的电磁吸力的合力将指针吸向主线圈一侧，指针此时逐渐指向高温处。

（4）燃油表的工作原理。

如图 5-1-9 所示为燃油表工作原理图。当油箱中汽油量较少时，可变电阻位于电阻最大位置，流过与其串联的主线圈的电流较小，致使主线圈产生的电磁吸力小于副线圈的电磁吸力。主、副线圈的电磁吸力的合力将指针吸向副线圈一侧，指针此时指向"E"附近。

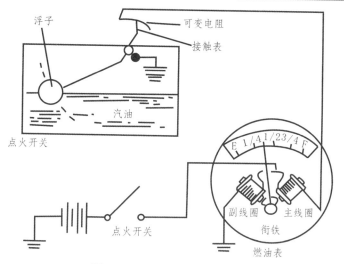

图 5-1-9　燃油表工作原理图

当油箱中汽油量较多时，可变电阻位于电阻较小位置，流过与其串联的主线圈的电流增大，致使主线圈产生的电磁吸力逐渐大于副线圈的电磁吸力。主、副线圈的电磁吸力的合力将指针吸向主线圈一侧，指针此时指向 "F" 附近。

2. 汽车报警系统的工作原理

（1）制动液液面报警装置的工作原理。

如图 5-1-10 所示为制动液液面传感器结构图。该传感器装于制动液储液罐中。其中，外壳内装有舌簧管继电器，接线柱与液面报警灯相连，永久磁铁固定在浮子上。当制动液液面下降到规定值时，通过浮子带动永久磁铁使舌簧管触点闭合，接通报警灯，发出警告；当制动液面上升时，浮子上升，吸力减弱，舌簧管触点靠自身弹力张开，报警灯熄灭。

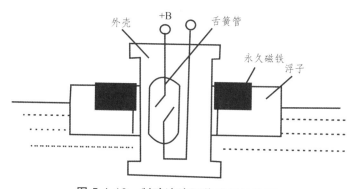

图 5-1-10　制动液液面传感器结构图

（2）机油压力报警装置的工作原理。

桑塔纳轿车机油压力报警装置采用低压和高压双重报警装置。低压报警装置的传感器装在凸轮轴机油道上，高压报警装置的传感器装在机油滤清器上。在启动和怠速阶段，若凸轮轴机油道上的油压（输送油路末端处油压）低于 30 kPa 时，低压报警装置启亮报警灯。由于该处是整个润滑系统中压力最低的区域，监控该处油压可保证系统内各处有足够的油压。当发动机转速达到

2 000 r/min 后，若机油滤清器出口处的油压低于 180 kPa 时，高压报警装置发生作用，启亮报警灯。该处油压是发动机主油道油压，若该处油压不足，可能导致发动机润滑不足。

正常情况下，接通点火开关，油压指示灯亮；当启动发动机后，若机油压力大于 30 kPa 时，该指示灯熄灭；当发动机低速运转时，若低压报警装置传感器处的机油压力低于 30 kPa，则低压压力开关触点闭合，机油压力报警灯启亮；当发动机转速大于 2 000 r/min 时，若高压报警装置传感器处机油压力低于 180 kPa，则高压压力开关断开，机油压力报警灯启亮，同时报警蜂鸣器响。

（3）燃油量报警装置的工作原理。

如图 5-1-11 所示为燃油量报警装置图。该装置由热敏电阻式燃油量报警传感器和报警灯组成。当燃油箱内燃油量较多时，负温度系数的热敏电阻元件浸没在燃油中散热较快，其温度低，电阻值大，因此电路中电流很小，报警灯处于熄灭状态；当燃油量减少到规定值以下时，热敏电阻元件露出油面以上，散热慢，温度升高，电阻值变小，电流增大，则报警灯启亮。

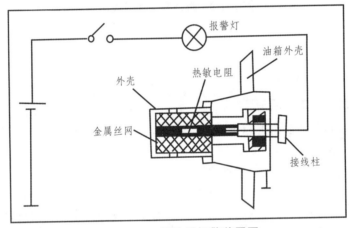

图 5-1-11　燃油量报警装置图

（4）水温报警装置的工作原理。

如图 5-1-12 所示为水温报警装置图。在水温报警传感器的密封套管内装有条形双金属片，其自由端焊有动触点，而静触点直接搭铁。当温度升高至限定值时，由于双金属片膨胀系数的不同，双金属片向静触点方向弯曲，一旦双金属片的触点与静触点接通，则报警灯电路接通，红色报警灯启亮。

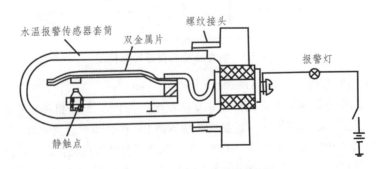

图 5-1-12　水温报警装置图

（5）座椅安全带报警装置。

如图 5-1-13 所示，座椅安全带扣环开关是一端搭铁的常闭式开关。点火开关接通时，电源电压施加于定时器，若此时安全带未扣好，电路则通过座椅安全带扣环开关搭铁，接通蜂鸣器及座椅安全带报警灯电路；若扣好安全带后，加热器使双金属带发热，当达到一定程度后，触点断开从而切断电路蜂鸣器及座椅安全带报警灯电路。

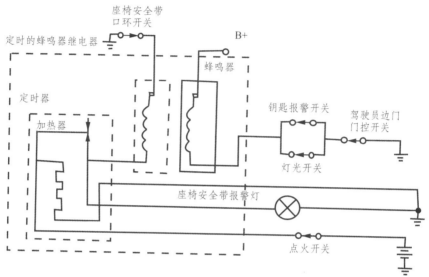

图 5-1-13　座椅安全带报警、前照灯未关及点火钥匙未拔报警装置工作原理图

（6）前照灯未关及点火钥匙未拔报警装置。

如图 5-1-13 所示，驾驶员边门门控开关为常闭式，是一端搭铁的开关，当车门关闭时，该开关断开。

若前照灯开关仍置于前照灯或停车挡位置，电源电压经蜂鸣器和灯光开关施加于驾驶员边门门控开关；驾驶员打开车门，蜂鸣器电路即被接通，于是发出鸣叫提示，直到前照灯关闭或驾驶员边门关闭才停止。

若点火钥匙未及时拔出，电源电压仍经蜂鸣器和灯光开关施加于驾驶员边门门控开关；驾驶员打开车门，蜂鸣器电路即被接通，于是发出鸣叫提示，直到拔出点火钥匙或驾驶员边门关闭才停止。

二、基本技能

仪表报警灯系统的检查

提示：仪表报警灯指示灯有三种颜色。

（1）红色：灯闪或点亮，有时伴有声响警报，表示汽车已经出现影响汽车正常行驶的故障，切勿继续行驶。

（2）黄色：灯闪或点亮，有时伴有声响警报，表示轿车存在功能故障或车用油液不足可能损坏轿车或因故障抛锚，应尽快检查故障原因。

（3）绿色：灯点亮，显示或指示驾驶员相应的操作。

1．准备工作

（1）防护装备：工作服；工作帽；手套；劳保鞋。

（2）车辆、台架、总成：卡罗拉整车（配置电动后视镜）或其他配置电动后视镜车辆。

（3）检测设备：万用表。

（4）手工工具：拆装工具一套。

（5）辅助材料：翼子板布和前格栅布、三件套、抹布、手套、白板笔等。

2．实施步骤

（1）点火钥匙在"OFF"挡时检查仪表。

① 关闭所有车门。

② 如图 5-1-14 所示，将点火钥匙插入点火开关中，应无报警指示灯亮或仪表动作，否则进行仪表报警系统的检查。

（2）将点火钥匙打在"ON"挡时检查仪表，如图 5-1-15 所示。

① 将点火钥匙旋转至"ON"挡时，仪表的所有指针都会从"0"刻度线跑满表后回到"0"刻度线，所有报警指示灯都会亮数秒后熄灭。

② 如果在"ON"挡时，如有相应仪表或报警指示灯未工作则需要进行相应检修。

③ 如果数秒后仍有指示灯未熄灭，则需记录。

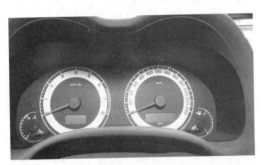 

图 5-1-14　点火钥匙在"OFF"挡时检查仪表　　图 5-1-15　将点火钥打在"ON"挡时检查仪表

（3）启动发动机检查仪表报警指示灯。

如图 5-1-16 所示，启动发动机确认车辆是否存在实际故障，并记录相关故障。

图 5-1-16　启动发动机检查仪表报警指示灯

（4）检查仪表常见指示灯的工作情况。

如图 5-1-17 所示，操纵远光灯、雾灯、左右转向灯、车门打开与关闭、空调内外循环、安全带、手刹，检查相应指示灯的工作情况。

图 5-1-17　检查仪表常见指示灯的工作情况

三、学习小结

（1）仪表是反映车辆各个系统工作状况的装置。为了使驾驶员随时观察与掌握汽车各系统的工作状态，在驾驶室仪表板上设有各种指示仪表。

（2）汽车仪表上常见的有发动机转速表、车速里程表、水温表、燃油表。

（3）汽车仪表上常见的报警灯有充电报警打、机油压力报警灯、发动机报警灯、ABS 报警灯、刹车片报警灯、手刹报警灯、安全气囊报警灯等。

（4）仪表报警灯的工作原理。

四、任务分析

本情境中，组合仪表显示不正常，有可能是组合仪表的故障，也有可能是对应的信号传输装置（传感器）或线路故障，应按从简单到复杂的顺序结合诊断逻辑思维进行检修。

五、自我评估

1. 填空题

（1）汽车仪表主要包括发动机转速表、_____、燃油表、机油压力表等。

（2）_____色报警灯闪或点亮，有时伴有声响警报，表示汽车已经出现影响汽车正常行驶的故障。

2. 判断题

（1）手刹拉起时，手刹指示灯熄灭。（　　　）

（2）仪表绿色灯点亮，必须立即停车检查。（　　　）

3. 选择题

下列（　　）不是汽车上常见的仪表。

A. 发动机转速表　　　　　　　　B. 车速里程表

C. 燃油表　　　　　　　　　　　D. 电流表

工作任务二 车速表不动作检修

▰任务情境

一、任务描述

一辆上海大众桑塔纳轿车，手动变速器，出现如下故障现象：汽车在行驶过程中，车速表不动作。

二、任务提示

上海大众桑塔纳的车速信号来自变速器输出轴的车速传感器，车速传感器出现问题将会影响车速表的显示。

有些车型，如丰田卡罗拉，其车速信号来自 ABS 控制单元，如果车速表不动作，应检查 ABS 控制单元通信。

▰任务目标

一、知识目标

（1）能描述车速传感器的作用。
（2）能描述车速传感器的安装位置。
（3）能描述车速表车速信号的来源。
（4）能描述车速传感器的类型和工作原理。

二、能力目标

能够对车速传感器进行检测和更换。

▰必备知识

一、基本知识

（一）车速传感器安装位置

车速传感器一般安装在变速器的输出轴旁，如图 5-2-1 所示。也有的车型车速信号来自于 ABS 系统的轮速传感器，而没有单独的车速传感器。为了消除高压点火线及车载电话或其他电子设备产生的电磁及射频干扰，车速传感器信号线通常装在屏蔽的外套内。

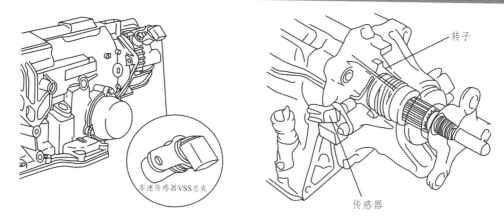

图 5-2-1　车速传感器安装位置

（二）车速传感器作用

车速传感器主要用于检测汽车的行驶速度，向组合仪表单元输入信号用来显示当前车速，即车速表显示的车速值，如图 5-2-2 所示。同时，汽车中各系统的电控单元也根据车速信号实现控制燃油喷射、自动变速器换挡控制、防抱死制动以及巡航定速等功能。

（三）信号来源

组合仪表采用的车速信号，有的直接来自车速传感器，也有的来自 ABS 或变速器的控制单元。如图 5-2-3 所示是组合仪表三种不同的车速信号来源。

图 5-2-2　车速表

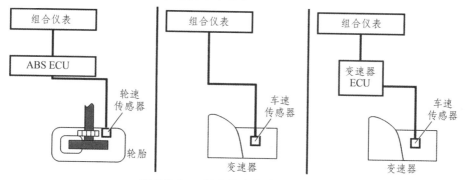

图 5-2-3　组合仪表车速信号来源

二、基本技能

车速表不动作检修

以丰田卡罗拉和大众桑塔纳 3000 为例，介绍车速表不动作的检修方法。

1. 准备工作

（1）防护装备：工作服；工作帽；手套；劳保鞋。

（2）车辆、台架、总成：卡罗拉和桑塔纳 3000 整车或装备车速传感器的车辆。

（3）检测设备：KT600 诊断仪；万用表。

（4）手工工具：拆装工具一套。

（5）辅助材料：翼子板布和前格栅布、三件套、抹布、手套、白板笔。

2. 实施步骤

（1）试车。

试车验证故障现象，并准确记录故障现象。

（2）车速表动作测试。

① 以丰田卡罗拉为例，如图 5-2-4 所示，连接 KT600 诊断仪，进入仪表系统的动作测试，选择速度表进行调节。

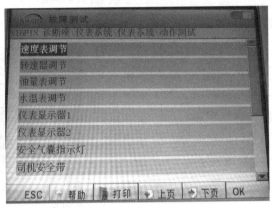

图 5-2-4　选择速度表调节

② 如图 5-2-5 所示，输入数据 0、40、80、120、160、200 km/h，观察车速表指针转动值，如果不动作或不符合显示值则更换组合仪表。

如果车速表动作正常，则故障出现在车速传感器及其线路。

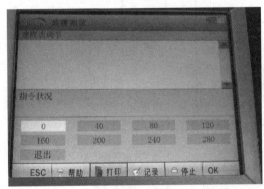

图 5-2-5　车速表动作测试

（3）卡罗拉轮速信号检查。

卡罗拉车速表信号来自 ABS 控制单元采集的轮速信号，信号通过 CAN 系统传输。如果发动机和 ABS 系统工作正常，说明 CAN 系统也正常，轮速信号也正常。

如果怀疑轮速传感器故障，外观检查轮速传感器，若有裂纹、变形则更换，检查轮速传感器的插接器和线束，若有腐蚀、松动则进行插接器线束维修；若以上检查都没有问题，则进行轮速传感器信号波形输出（见图 5-2-6），如中途有间断，则更换相应轮速传感器。

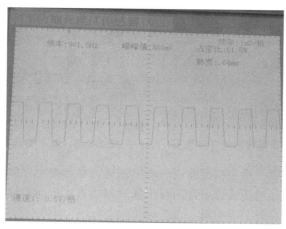

图 5-2-6　轮速传感器波形图

（4）桑塔纳车速传感器的检查。

以桑塔纳 3000 采用的磁感应（磁电）式车速传感器为例，介绍车速传感器检测方法。

① 万用表检测电阻。

如图 5-2-7 所示，断开车速传感器的连接器，利用万用表测量传感器两个端子之间的电阻值，电阻值为 1～2 kΩ（不同车型的传感器感应线圈的电阻不完全相同，通常为几百欧到几千欧）。如果感应线圈短路、断路或电阻值不符合标准，应更换车速传感器。

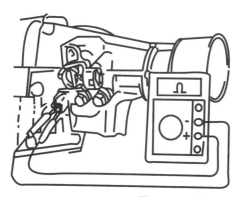

图 5-2-7　检测车速传感器电阻

② 万用表检测信号电压。

测量车速传感器输出脉冲时，应将车辆用举升机顶起，让变速器位于空挡位置，用手转动悬空的驱动轮，连接车速传感器的连接器，用万用表测量车速传感器端子 1 和 2 之间有无脉冲感应电压。

测量时，应将万用表选择开关转至 1 V 以下的交流电压挡位置。若在转动车轮时万用表数值有变化（变化幅度和车轮转速成正比），说明车速传感器有输出脉冲信号，否则应更换传感器，如图 5-2-8 所示。

图 5-2-8　就车测量车速传感器脉冲信号

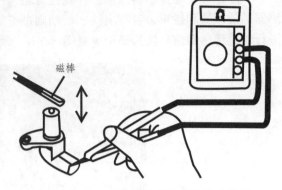

图 5-2-9　车下测量车速传感器脉冲信号

如果传感器已经拆下，用一根铁棒或一块磁铁迅速靠近或离开传感器如图 5-2-9 所示。同时用万用表测量传感器两接线端子之间有无脉冲感应电压。如果没有感应电压或感应电压很微弱，说明传感器有故障，应更换。

③ 故障检测仪器检测。

连接故障检测仪器，利用检测仪器的以下功能进行检测：

（a）故障码读取和清除（如有故障码时）。

（b）数据流读取：从发动机或变速器（仅 AT）数据流数值应该和车辆当前的车速一致。

（c）功能测试：利用诊断仪器对仪表系统的车速表进行功能测试，如果车速表动作正常，则故障来自车速传感器或信号。

提示：根据仪器操作说明书进行操作。

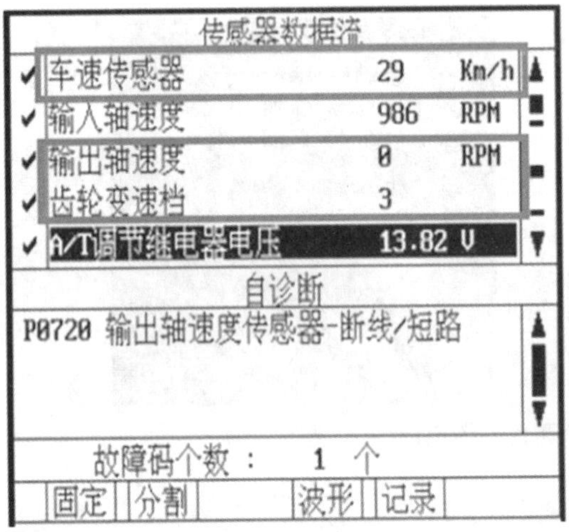

传感器数据流		
✓车速传感器	29	Km/h
✓输入轴速度	986	RPM
✓输出轴速度	0	RPM
✓齿轮变速档	3	
✓A/T调节继电器电压	13.82	V

自诊断
P0720 输出轴速度传感器-断线/短路

故障码个数：　1　个

| 固定 | 分割 | | 波形 | 记录 |

图 5-2-10　变速器（含车速传感器）数据流

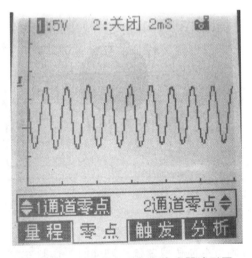

1:5V　　2:关闭 2mS

⇦1通道零点　　2通道零点⇨

量程　零点　触发　分析

图 5-2-11　磁感应式车速传感器波形图

④ 示波器检测。

连接诊断仪器，进入示波器功能，检测车速信号波形如图 5-2-11 所示。

良好的波形在 0 V 上下的幅值应基本一致，且随车速增加而增大，幅值、频率和形状在确定的条件（等转速）下是一致的、可重复的、有规律的。

提示：车辆必须行驶，请根据实际条件进行。

（5）车速传感器的拆装。

① 拆卸车速传感器。

桑塔纳 3000 车速传感器位置如图 5-2-12 所示。

（a）取下车速传感器插头；

（b）用 21 号梅花扳手拆卸车速传感器螺栓；

（c）取下车速传感器。

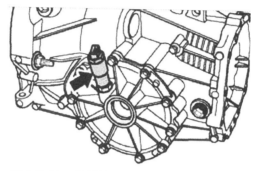

图 5-2-12　桑塔纳 3000 车速传感器的位置

② 安装车速传感器。

（a）先用手安装车速传感器和螺栓；

（b）用 21 号套筒拧紧螺栓（力矩 25 N·m）；

（c）连接车速传感器连接器；

（d）必要时试车，验证车速信号正常。

三、知识拓展

舌簧开关式车速传感器已经很少采用，以下介绍其原理仅供参考。

舌簧式车速传感器

舌簧开关式车速传感器的构造如图 5-2-13 所示。

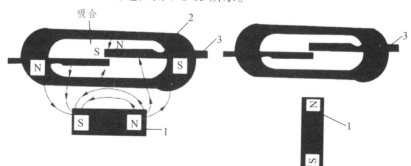

图 5-2-13　舌簧式传感器的结构图

1—磁铁；2—舌簧开关；3—转子

舌簧开关是在一个玻璃管内装有两个细长的触头构成的开关元件。其触头由磁性材料制成。当其附近有磁场作用时，其触头就会互相吸引而闭合或者互相排斥而断开。

当变速器输出轴转动时，舌簧开关就会在转子永久磁铁作用下周期性地开关动作，变速器轴每转一周，两个舌簧开关各开闭 1 次，并以 180°的相位差输出 4 个脉冲给 ECU 进行计数及运算，即可得到车速。

四、学习小结

（1）车速传感器一般安装在变速器的输出轴旁，也有的车型车速信号来自于 ABS 系统的轮速传感器。

（2）组合仪表采用的车速信号，有的直接来自车速传感器，也有来自 ABS 或变速器的控制单元。

（3）常见的车速传感器有磁感应、霍尔式几种类型。

（4）大众桑塔纳 3000 车速传感器的测量。

五、任务分析

本情境中，车速表不动作，应根据具体车型，明确仪表的车速信号从何处来，确定有没有信号到仪表，来区分是仪表的故障还是信号传输的故障。

六、自我评估

1. 填空题

（1）车速传感器一般安装在变速器的_____旁，也有的车型车速信号来自于 ABS 系统_____。

（2）常见的车速传感器类型有_____式和_____式。

2. 判断题

（1）车速传感器用来检测发动机速度。（　　　）

（2）有些车型车速信号来自于轮速传感器。（　　　）

3. 选择题

下列（　　　）不属于车速传感器的类型。

A. 磁感应式
B. 压电式
C. 霍尔式
D. 以上都不是

学习项目六 雨刮及洗涤系统检修

本学习项目学习雨刮及洗涤系统的检修，包含两个工作任务：任务一——雨刮系统检修；任务二——洗涤系统检修。学生通过这两个工作任务的学习，能够掌握雨刮及洗涤系统的组成结构和原理，进行雨刮及洗涤系统的检修。

工作任务一 雨刮系统检修

■任务情境

一、任务描述

一辆卡罗拉轿车，出现雨刮电机不动作的故障，你的主管把任务交给你，你能完成吗？

二、任务提示

在进行维修之前必须知道雨刮系统的工作原理。

■任务目标

一、知识目标

（1）能描述雨刮器系统的组成与工作原理。
（2）能根据电路图分析雨刮器控制电路原理。
（3）能描述雨刮器不动作故障的诊断思路。
（4）能描述雨刮器不动作的故障排除方法。

二、能力目标

（1）能掌握汽车万用表、测试灯、解码器的使用。
（2）能识读汽车雨刮器电路图、维修手册。
（3）能完成汽车雨刮器不动作的故障检修。

必备知识

一、基本知识

（一）雨刮系统概述

1. 作 用

雨刮系统用于确保驾驶员在雨天、雪天和雾天有良好的视线。在车辆上可以看到前挡风玻璃雨刮系统和后挡风玻璃雨刮系统，有些车辆还采用了前照灯雨刮。

2. 雨刮系统的组成

电动雨刮由电动机、蜗轮总成、底板、曲柄、连杆、摆臂、摆杆和雨刮片组成，如图 6-1-1 所示。

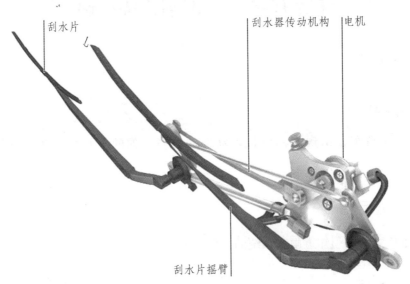

图 6-1-1　雨刮结构图

（1）永磁式雨刮电动机。

在带永久磁场的电动机中，电动机转速由换向器上电刷的布局控制。使用了三个电刷：普通、高速和低速。无论电动机何时运转，普通电刷都会输送电流。低速电刷和高速电刷分布在不同的位置。通常情况下，高速电刷与普通电刷相对而置，而低速电刷则斜着放置，如图 6-1-2 所示。

电刷的布局决定了连接在电路中的电枢绕组的数量。蓄电池电压施加到的绕组越少，则电磁力越小，反电动势越小。随着反电动势的变小，电枢电流变大。因此，电动机转速变高。通电的绕组越多，电枢周围的磁场越大，反电动势越大。因此，随着反电车势的增大，电流减小并且电动机转速变低。

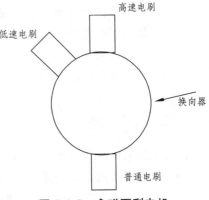

图 6-1-2　永磁雨刮电机

（2）电磁式雨刮电动机。

电磁场的电动机在电枢上有两个刷握：正极和负极。电动机的转速取决于磁场的强度。部分二速和所有三速雨刮电动机均使用两个电磁场绕组。两个励磁线圈绕组方向相反，以使其磁场互相对抗。励磁线圈与电刷和换向器串联。并激磁场形成单独的电路，绕过并联电路接地。

接地侧开关决定了电流通路和电动机的转速。一条电流通道在经过励磁线圈后直接接地，另一条电流通道通过电阻器接地。开关置于低速位置时，继电器的触点闭合，并且电压施加到电动机上。开关上的另一个雨刮为并激磁场提供接地通路。分激线圈内没有电阻时，并激磁场非常强大，并且可以抵抗串激磁场。因此，降低了电动机的运转速度。

开关位于高速位置时，并激磁场通过电阻器寻找接地。这样会在并路线圈内产生较小的电流和较弱的磁场。因此，电枢将会以更高的速度转动。

（3）停靠开关。

停靠开关内置于电动机，使电动机齿轮上的凸轮或锁栓臂断开，如图 6-1-3 所示。关闭雨刮开关后，停靠开关将为电动机提供电压。这样可使电动机继续运转，直至该开关达到停靠位置。电动机每转动一圈，停靠开关的位置都会发生改变。电动机转动大约 9/10 圈时，停靠开关保持在运行位置。如果再转动 1/10 圈，停靠开关将会位于停靠位置。这并不会影响电动机的运行，直到将雨刮开关置于停靠位置。

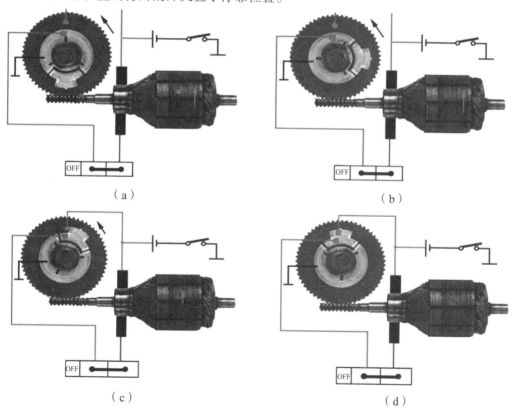

图 6-1-3　复位开关工作原理图

（4）挡风玻璃雨刮传动机构和雨刮片。

传动机构由一些雨刮臂和枢轴组成，用来传输电动机的旋转运动以摆动挡风玻璃雨刮。随着雨刮电动机的运转，传动机构将会使雨刮臂从左侧旋转至右侧。传动机构的布局可以使雨刮的枢轴点摆动。雨刮臂和刮片直接安装在两个枢轴点上。

一些雨刮系统具有两个运转方向相反的雨刮电动机，因此可使雨刮摆动，如图 6-1-4 所示。此外，这些系统还占据了发动机盖区域的较少空间。

（a）两个运转方向相反的电动机

（b）典型的单电动机杆系

图 6-1-4　（上）该系统使用了两个运转方向相反的电动机
（下）典型的单电动机杆系

雨刮片容易受温度的影响和使用时间延长的影响，将会导致雨刮片老化、硬化、变软而导致在使用雨刮时出现异响和刮不干净等情况，因此需要定期检查和更换雨刮片。

（二）间歇式雨刮系统

雨刮系统挡位常见的有关闭、低速、高速、间歇挡，许多雨刮系统都提供了可以调节雨刮间隔时间的功能。这些系统中的大部分系统都使用了安装在转向柱附近的模块或调速器，或者系统有一个与 BCM 相连的模块。

由电位计控制雨刮操作之间的延时。通过旋转间歇式控制模块，电阻值会发生变化。该模块包含通过电位计充电的电容器。一旦电容器的电量达到饱和，就会触发电子开关，并且电流将会流向雨刮电动机。电容器的放电时间足以用来启动雨刮操作，并且停靠开关将会返回运行位置。雨刮将会继续运行，直到完成一次雨刮操作，并且停靠开关将会开路。雨刮操作之间的时间间隔取决于电容器电量达到饱和所需的时间长度。向电位计施加的电阻越多，充满电容器所需的时间越长。

（三）雨刮系统控制电路

如图 6-1-5 所示为卡罗拉雨刮系统控制电路，下面就以此控制电路图为例讲解雨刮系统的控制逻辑。

（1）低速挡：打开点火开关，雨刮组合开关打到"LO"时，IG_1 继电器→雨刮保险丝→挡风玻璃雨刮开关+B→前雨刮开关 LO→前刮器水开关+2→前雨刮电动机+2→前雨刮电动机→搭铁，雨刮低速工作。

（2）高速挡：打开点火开关，雨刮组合开关打到"HI"时，IG_1 继电器→雨刮保险丝→挡风玻璃雨刮开关+B→前雨刮开关 HI→前雨刮开关+1→前雨刮电动机+1→前雨刮电动机→搭铁，雨刮高速工作。

（3）间歇挡：打开点火开关，IG_1 继电器→雨刮保险丝→挡风玻璃雨刮开关+B→前雨刮继电器→挡风玻璃雨刮开关 EW→搭铁，向雨刮继电器供电；雨刮组合开关打到"INT"时，前雨刮开关的 INT$_1$ 和 INT$_2$ 接通，前雨刮继电器接收到间歇信号，就会让前雨刮继电器工作，向前雨刮开关+S 端子间歇供电，间歇电路：IG1 继电器→雨刮保险丝→挡风玻璃雨刮开关+B→前雨刮继电器→前雨刮开关+S→前刮器水开关+2→前雨刮电动机+2→前雨刮电动机→搭铁，雨刮低速工作。

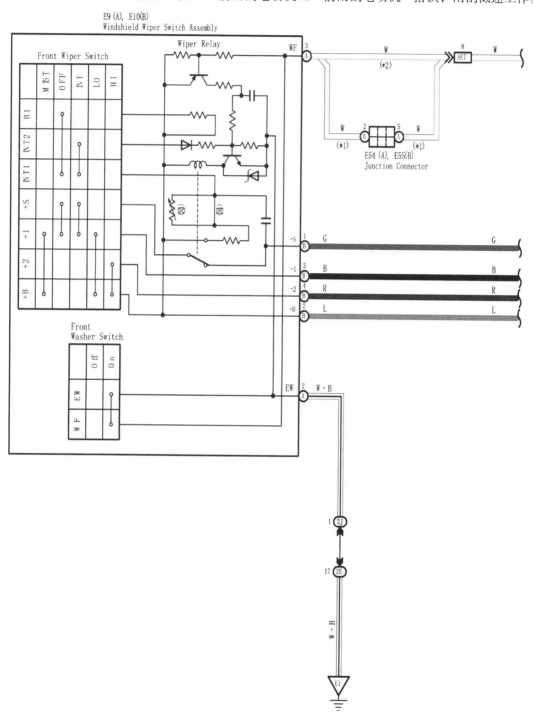

图 6-1-5 卡罗拉雨刮系统控制电路（1）

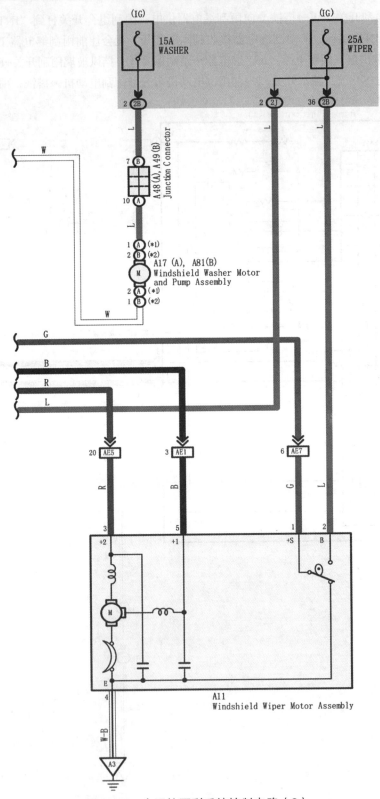

图 6-1-5　卡罗拉雨刮系统控制电路（2）

（4）点动挡：打开点火开关，雨刮组合开关打到"MIST"时，IG_1 继电器→雨刮保险丝→挡风玻璃雨刮开关+B→前雨刮开关 LO→前刮器水开关+2→前雨刮电动机+2→前雨刮电动机→搭铁，雨刮低速工作，点动挡开关松开时，则点动开关断开，雨刮电机就停止工作。

（5）自动复位：当雨刮在前挡风玻璃上时，雨刮电动机的 B 端子和+S 端子接通，当雨刮在挡风玻璃下边缘时，雨刮电动机的 B 端子和+S 端子断开。因此复位电路：IG_1 继电器→雨刮保险丝→雨刮电动机的 B→雨刮电动机的+S→前雨刮继电器+S→前雨刮开关+S→前刮器水开关+2→前雨刮电动机+2→前雨刮电动机→搭铁，雨刮低速工作，当雨刮运转到挡风玻璃下边缘时，雨刮电机就停止工作。

（四）雨刮系统的症状表（见表 6-1-1）

表 6-1-1 雨刮系统故障症状与可疑部位

症　状	可疑部位
前刮水器和清洗器系统不工作	挡风玻璃刮水器开关
	线　束
在 LO（低）或 HI（高）位置，前刮水器系统不工作	Wiper（雨刮）保险丝
	挡风玻璃刮水器开关
	前刮水器电动机
	线　束
在 INT（间歇）位置，前刮水器系统不工作	Wiper（雨刮）保险丝
	挡风玻璃刮水器开关
	前刮水器电动机
	线　束

二、基本技能

雨刮电动机的更换检查

1. 准备工作

（1）防护装备：工作服；工作帽；手套；劳保鞋。

（2）车辆、台架、总成：卡罗拉整车。

（3）检测设备：万用表。

（4）手工工具：拆装工具一套。

（5）辅助材料：翼子板布和前格栅布、三件套、抹布、手套、白板笔等。

2. 雨刮电机拆卸

（1）拆卸雨刮臂端盖。

如图 6-1-6 所示，使用一字螺丝刀，用胶布将螺丝刀头部包好，拆卸雨刮臂端盖。

（2）拆卸雨刮臂及雨刮片总成。

如图 6-1-7 所示为取下左侧雨刮臂总成，使用棘轮扳手拆卸左前雨刮臂和雨刮片总成的锁止螺母，然后用一定的力按下雨刮臂下端，拆下雨刮臂和雨刮片总成；用同样的方法拆卸右前雨刮臂和雨刮片总成。

图 6-1-6　拆卸左雨刮臂端盖

图 6-1-7　取下左侧雨刮臂总成

（3）拆卸前围板上的通风栅板，如图 6-1-8 所示。

① 脱开 7 个卡子并拆下至发动机盖至前围上板密封条。

② 脱开卡子和 14 个卡爪，并拆下右前围板上通风栅板，用同样的方式拆下左前围板上通风栅板。

（4）断开雨刮电动机线束连接器。

如图 6-1-9 所示，松开雨刮电动机线束固定卡夹，断开雨刮电动机线束连接器。

图 6-1-8　拆卸左右前围板上通风栅板

图 6-1-9　取下雨刮电机线束插接器

（5）拆卸雨刮电动机及连杆总成。

如图 6-1-10 所示，使用棘轮扳手拆下 2 个固定螺栓和雨刮电动机和连杆总成。

图 6-1-10　拆卸雨刮电机及连杆总成固定螺栓

3．雨刮电机检查

（1）雨刮低速检查。

如图 6-1-11 所示，检查雨刮电动机低速 LO 状态，将蓄电池正极引线连接至端子 5，将蓄电池负极引线连接至雨刮电机壳体，检查并确认电动机低速运行，正常状态下电动机低速（LO）运行。

（2）雨刮高速检查。

如图 6-1-12 所示，将蓄电池正极引线连接至端子 3，将蓄电池负极引线连接至雨刮电机壳体，检查并确认电动机高速运行，正常状态下电动机高速（HI）运行。

图 6-1-11　雨刮电机低速检查

图 6-1-12　雨刮电机低速检查

4．雨刮电机安装

（1）安装雨刮电动机及连杆总成，如图 6-1-13 所示。

① 对准位置，安装雨刮电动机和连杆总成，安装 2 个固定螺栓。

② 使用扭力扳手，以规定的扭矩紧固雨刮电动机和连杆总成的 2 个固定螺栓。

（2）安装雨刮电动机线束。

如图 6-1-14 所示，插接雨刮电动机线束连接器，并卡上线束固定卡夹，确保连接牢固。

图 6-1-13　安装雨刮电机总成

图 6-1-14　安装雨刮电机线束

（3）安装前围板上通风栅板。

如图 6-1-15 所示，接合卡子和 8 个卡爪，并安装左前围板上通风栅板。用同样的方法安装右前围板上通风栅板。

（4）安装发动机盖至前围上板密封条。

如图 6-1-16 所示，接合 7 个卡子并安装发动机盖至前围上板密封条。

图 6-1-15　安装前围上板通风栅板　　　　　图 6-1-16　安装前围上板密封条

（5）安装雨刮臂及雨刮片总成。

如图 6-1-17 所示，对准安装位置，安装雨刮臂和雨刮片总成；拧上固定螺母，使用扭力扳手，以规定的扭矩紧固雨刮臂和雨刮片总成固定螺栓；依次安装左前、右前 2 个雨刮臂端盖。

图 6-1-17　安装雨刮臂端盖

三、知识拓展

（一）雨量感应雨刮

一些车辆设定了挡风玻璃雨刮操作，可对挡风玻璃上的水作出响应。这些雨刮的传感器通常位于后视镜后方的挡风玻璃中央和顶部。传感器通过特殊的光学元件将红外光传输到挡风玻璃的表面上，如图 6-1-18 所示为雨量传感器。挡风玻璃干燥时，所有光线将会反射回传感器。湿气开始在玻璃上积聚时，挡风玻璃反射光线的能力将立即发生变化。这将使红外光束穿透挡风玻璃，从而减少了反射的光线。反射的光线越少，表示挡风玻璃表面上的湿气越重。雨量传感器利用反射光线的所有变化作为判断雨量的依据。挡风玻璃雨刮将会根据这些变化增加或减少雨刮次数。

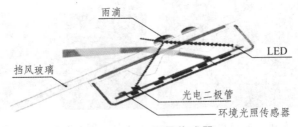

图 6-1-18　雨量传感器

（二）车速感应雨刮

一些车辆具有车速感应雨刮。它们可以根据车速来改变雨刮速度或雨刮间隔。这些系统通常由车身控制模块根据来自车速传感器的输入信号进行控制。

四、学习小结

（1）雨刮系统的作用、组成。
（2）雨刮系统控制电路。
（3）卡罗拉雨刮电动机的更换。

五、任务分析

本情境中，雨刮电机不动作，故障点可能在雨刮开关、雨刮电机及线路中，应根据从简单到复杂的顺序进行检修。

六、自我评估

1. 填空题

（1）电动雨刮由_____、蜗轮总成、底板、曲柄、连杆、摆臂、摆杆和组成。
（2）一些雨刮系统具有两个运转方向_____的雨刮电动机，因此可使雨刮摆动。

2. 判断题

（1）雨刮系统一般分为低速、高速、间歇、关闭四个挡位。（　　　　）
（2）卡罗拉在点火开关未打开时，能操作雨刮系统。（　　　　）

工作任务二　洗涤系统检修

任务情境

一、任务描述

一辆丰田卡罗拉轿车，雨刮/洗涤系统出现不喷水故障，你的主管把任务交给你，你能完成吗？

二、任务提示

洗涤系统属于雨刮/洗涤系统，完成此任务需要掌握洗涤系统的工作原理，以及洗涤系统与雨刮系统的关系。

任务目标

一、知识目标

（1）能描述洗涤系统的组成与工作原理。
（2）能根据电路图分析洗涤器控制电路原理。
（3）能描述洗涤器不动作的故障排除方法。

二、能力目标

（1）能识读洗涤器电路图、维修手册。
（2）能进行洗涤器不动作的故障检修。

必备知识

一、基本知识

（一）风窗洗涤器

挡风玻璃洗涤器可将洗涤液喷洒到挡风玻璃上，并配合雨刮器刮片一起工作以清洁挡风玻璃。

风窗洗涤器的机构如图 6-2-1 所示，主要由储液箱、洗涤泵、软管和喷嘴灯组成。许多系统的储液罐内都安装有洗涤器水泵。通过按住洗涤器开关即可激活洗涤器系统。如果雨刮器/洗涤器系统也具有间歇式控制模块，则会在激活洗涤器开关时向该模块发送信号。该模块内的超控电路将会低速操作雨刮器，并持续运行规定的时间。根据系统设计的不同，雨刮器将会返回停靠位置或在间歇模式下操作。

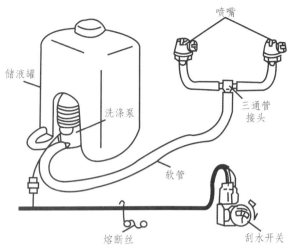

图 6-2-1　洗涤系统的结构组成

　　一些车辆具有可以清洗前照灯（见图 6-2-2）和雾灯的洗涤器，以便最大程度提高其可视性。前照灯洗涤器系统可能会通过自带的开关和泵工作或者与挡风玻璃洗涤器系统一起工作。

图 6-2-2　前照灯洗涤器

　　一些车辆配备了低液位指示灯。储液罐内的液位降至低于满刻度线的 1/4 位置时，洗涤液液位开关将会关闭。关闭开关后，可使电源从保险丝板施加至指示灯。

（二）洗涤常见故障症状表（见表 6-2-1）

表 6-2-1　洗涤系统故障诊断

症　状	可疑部位
前清洗器	洗涤保险丝
	雨刮/洗涤器开关
	前雨刮器继电器
	线　束

（三）卡罗拉洗涤系统控制电路（见图 6-2-3）

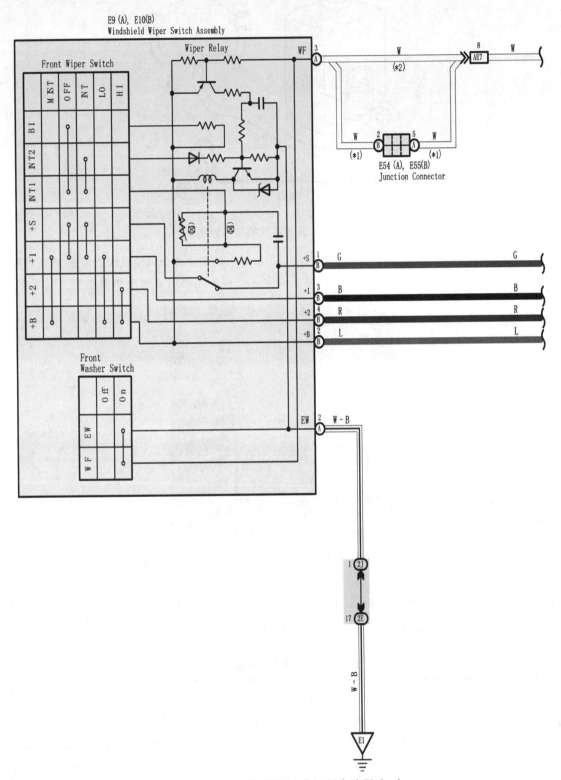

图 6-2-3 卡罗拉雨刮/洗涤控制电路图（1）

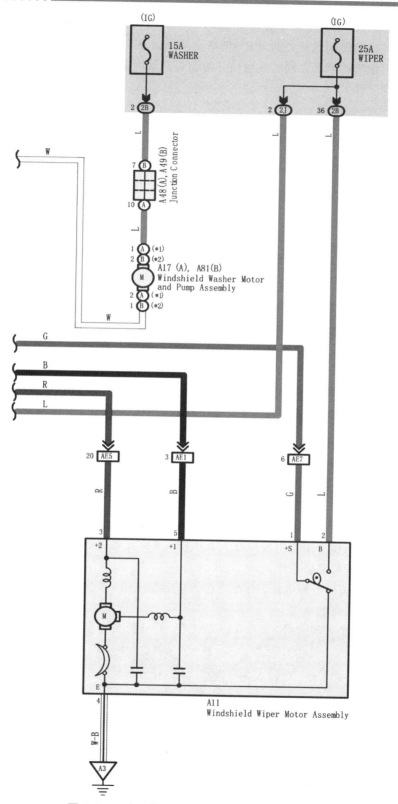

图 6-2-3 卡罗拉雨刮/洗涤控制电路图（2）

如图 6-2-3 所示，当前洗涤开关接通"ON"挡时，洗涤电路：IG₁→洗涤保险丝→前洗涤电动机→前挡风玻璃雨刮器开关的 WF→前清洗器开关 WF→前清洗器开关 EW→搭铁，洗涤器电机工作，洗涤喷嘴喷水，同时发射信号给前雨刮器继电器，让雨刮器继电器工作，控制雨刮器电机低速工作。

二、基本技能

洗涤泵不工作检修

下文以卡罗拉按下洗涤开关后洗涤和雨刮器都不工作的故障为例，介绍故障诊断和排除的步骤。

1. 准备工作

（1）防护装备：工作服；工作帽；手套；劳保鞋。

（2）车辆、台架、总成：卡罗拉整车。

（3）检测设备：万用表。

（4）手工工具：拆装工具一套。

（5）辅助材料：翼子板布和前格栅布、三件套、抹布、手套、白板笔等。

2. 实施步骤

（1）试车。

试车验证故障现象，并准确记录故障现象。

（2）检查洗涤保险丝。

① 根据元件位置图找到洗涤泵电机保险丝。

② 取下洗涤泵保险丝目测检查或者万用表检查保险的好坏。

（3）检查洗涤开关。

① 按照维修手册拆下前挡风玻璃雨刮器开关。

② 如图 6-2-4 所示，用万用表检查洗涤开关，洗涤开关接通时电阻应接近于 0 欧姆，若过大则更换前挡风玻璃雨刮器开关。

③ 检查洗涤开关的电源电压，标准电压为蓄电池电压，如无电和电压过低，说明线路有腐蚀松动，应进行线路的维修。

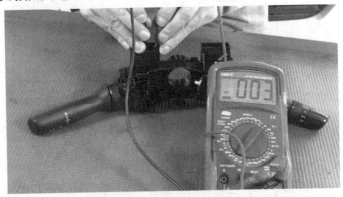

图 6-2-4　雨刮开关的检查

（4）检查洗涤泵。

① 按照维修手册拆下洗涤储液箱及洗涤泵总成。

② 给在洗涤电机施加蓄电池电压，观察洗涤泵总成能否正常喷水，若不能则更换洗涤泵总成。

③ 如图 6-2-5 所示，用万用表检查洗涤泵电机的电源线，标准电压为蓄电池电压，如无电和电压过低，说明线路有腐蚀松动，应进行线路的维修。

图 6-2-5　测量洗涤泵电机的电源线电压

三、学习小结

（1）洗涤清洗系统的作用组成。

（2）卡罗拉洗涤清洗控制电路。

（3）卡罗拉洗涤不工作故障诊断排除。

四、任务分析

本情境中，洗涤系统不喷水，首先应做基本检查，即洗涤液是否足够和管路是否正常。然后检查洗涤泵电机、开关及其线路。

五、自我评估

1. 填空题

（1）风窗洗涤器主要由储液箱、_____、软管和喷嘴等组成。

（2）有的车辆配备了指示灯。储液罐内的液位降至低于满刻度线的_____位置时，洗涤液液位开关将会关闭，指示灯报警。

2. 判断题

（1）洗涤泵安装在洗涤储液箱上。（　　　）

（2）雨刮器继电器损坏不会影响洗涤泵喷水。（　　　）

学习项目七　乘员安全防护系统检修

本学习任务主要学习乘员安全防护系统检修，分为两个工作任务：任务一——安全带检修；任务二——安全气囊检修。学生通过两个工作任务的学习，能进行乘员安全防护系统的操作与检修。

工作任务一　安全带检修

■任务情境

一、任务描述

车间来了一辆卡罗拉，驾驶员侧安全带锁止功能失效，车间主管把检修任务交给你，你能完成吗？

二、任务提示

安全带关系行车安全，也涉及交通法规，必须认真检查。

■任务目标

一、知识目标

（1）能描述安全带的作用。
（2）能描述预紧式安全带的结构组成。

二、能力目标

能够进行预紧式安全带的检查。

■必备知识

一、基本知识

（一）预紧式安全带概述

1. 安全带的作用

安全带是汽车发生碰撞过程中保护驾乘人员的基本防护装置，如图 7-1-1 所示。安全带的标准形式是由尼尔斯发明的三点式安全带，这种汽车安全带开始为人接受始于 1967 年，尼尔斯在美国发表了《28000 宗意外报告》，记录了 1966 年瑞典国内所有牵涉沃尔沃汽车的交通意外，三点式安全带不仅在超过半数的个案中能够降低甚至避免乘客受伤的几率，更能够保住性命。

图 7-1-1　安全带的使用

2. 预紧式安全带的结构组成

目前汽车采用的安全带大部分是预紧式安全带。

预紧式安全带与安全气囊一起配合使用，能够在车辆发生碰撞时减少人员向前倾的惯性，从而减少对乘员的伤害，它由座椅安全带、座椅安全带卷收器和警告灯等组成。

（1）座椅安全带。

座椅安全带系统使用电动机自动移动穿过驾驶员和前排座椅乘客的肩式安全带。安全带的上端连接在支架上，该支架可沿门框上部的滑轨移动；另一端固定安装在中央控制台上的惯性锁止式卷收器上。打开车门时，肩式安全带的外端向前移动以便上下车。关闭车门并打开点火开关时，该安全带将向后移动，并固定乘员。手动系紧主动式腰式安全带并应佩戴被动式安全带。

许多车辆都具有两种主动式安全带，一种是穿过乘员腰部的腰式安全带；另一种是穿过肩部和胸部的肩式安全带。两种安全带在一个单独的点处连接到一起，并插入固定在车辆地板上的带扣内。

如果座椅安全带无法扣紧，可使用手电筒查看带扣内部。通常情况下，带扣内的异物可以清除，带扣不会受到太大的影响。但如果异物卡在内部，则应更换带扣。

（2）座椅安全带卷收器。

如图 7-1-2 所示，松开带扣时，座椅安全带会通过座椅安全带卷收器收紧。此外，卷收器也可以像预紧器一样，在事故中消除安全带的松弛度，从而限制乘员的身体向前移动。惯性锁止式卷收器（见图 7-1-3）可在猛拉安全带时防止将安全带从卷收器中抽出。一些车辆具有电动或烟火式预紧器。这两种预紧器可在遇到碰撞时快速拉紧安全带。

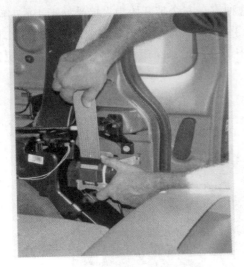

图 7-1-2　座椅安全带卷收器

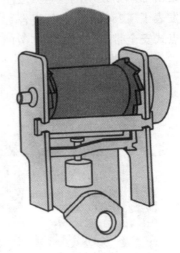

图 7-1-3　惯性锁止式座椅安全带卷收器

如图 7-1-4 所示，烟火式预紧器最为常见，预紧器接收到控制模块的信号时点火，预紧器内出现小型爆炸，产生逆反动作，牢固抱紧乘客。大多数系统还可以在预紧器紧固好座椅安全带后释放座椅安全带上的压力。乘客胸部和座椅安全带之间的压力超过特定点时，座椅安全带上的压力将会释放以防乘员人身受到伤害。

在一些车辆上，预紧器的作用力会随着人的体重和座椅安全带的约束程度（在碰撞期间身体向前移动时）的变化而变化（见图 7-1-5）。还有一些车辆配备了双级安全带限力器。

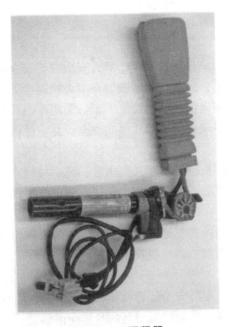

图 7-1-4　预紧器

图 7-1-5　机械式预紧卷收器/可变负荷限制型座椅安全带卷收器

（3）警告灯。

　　所有新款座椅安全带系统都具有警告灯和蜂鸣器。它们会在车辆启动时打开，以提醒乘员系紧安全带。点火开关打开时，信号将发送至警告灯。如果座椅安全带已系紧，则信号将会从带扣开关发送至指示灯控制器，且灯将熄灭。如果安全带未系紧，则指示灯和蜂鸣器将会以一定的时间间隔警告驾驶员。前排乘客座椅内有一个可以检测座椅上是否有人的传感器。如果检测到有人，则会将该信息发送至控制模块，指示灯将闪烁，直至系紧座椅安全带。

（二）预紧式安全带的控制电路

　　以丰田卡罗拉为例，预紧式安全带电路图如图 7-1-6 所示。

安全带警告

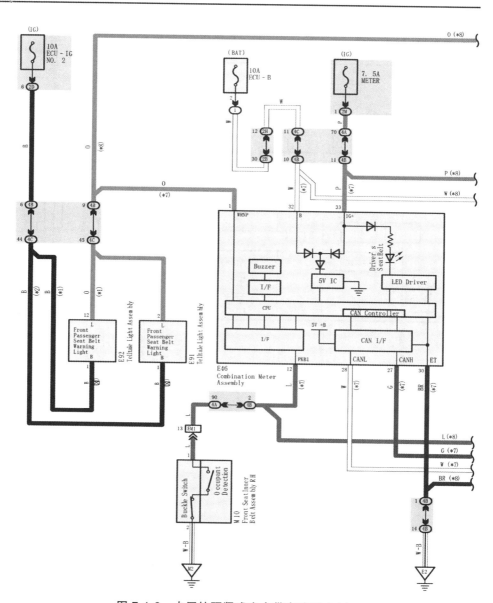

图 7-1-6　卡罗拉预紧式安全带电路图（1）

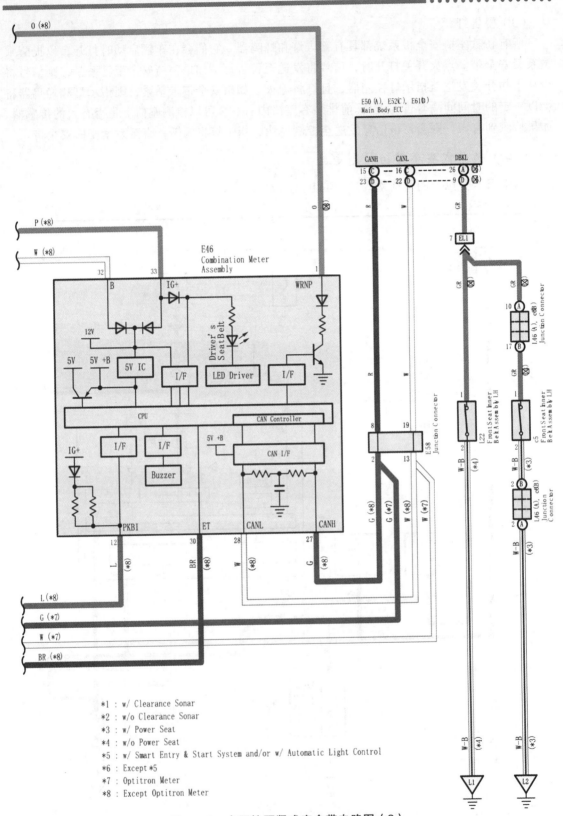

*1 : w/ Clearance Sonar
*2 : w/o Clearance Sonar
*3 : w/ Power Seat
*4 : w/o Power Seat
*5 : w/ Smart Entry & Start System and/or w/ Automatic Light Control
*6 : Except *5
*7 : Optitron Meter
*8 : Except Optitron Meter

图 7-1-6　卡罗拉预紧式安全带电路图（2）

（三）座椅安全带的维护

检查座椅安全带系统应遵循系统化的方法，务必留出充分的时间来检查，切记这些系统旨在保护人身安全。

1. 安全带的检查

要特别注意安全带上承受压力最大的部位，例如带扣、D 形环和卷收器。碰撞力会集中在这些部位，并削弱安全带的保护性能。如果这些部位出现损坏迹象，则需要更换安全带。在连接带扣时，检查安全带是否因对准不当而出现扭曲。从卷收器中完全抽出安全带并检查，如果发现安全带有切口损坏、断线或脱线、安全带边缘起毛、因太阳暴晒或使用化学制剂而褪色或安全带拱起现象，则应用新的安全带总成进行更换。

如果安全带无法从卷收器中拉出或无法卷收至收起位置，则应检查以下情况，并根据需要进行清洁或校正：安全带粘有口香糖、糖浆、油脂或其他物质；安全带扭曲或者 B 柱上的卷收器或环位置不正确。

2. 带扣的检查

要确定带扣是否起作用或带扣外壳是否损坏，则将座椅安全带插入带扣，直至听到咔嗒声。迅速拉回安全带以确保带扣正确锁止。如果带扣无法锁止，则更换座椅安全带总成。按下带扣上的按钮以松开安全带，使用大约 2 磅的压力按下按钮时，安全带会松开。如果带扣盖有裂纹，按钮松动或松开按钮所需的压力太大，则应更换座椅安全带总成。

3. 卷收器的检查

腰式安全带卷收器应在完全拉出安全带后能自动锁止。安全带感应式或汽车感应锁紧式座椅安全带卷收器均与被动式座椅安全带系统配套使用。通过握住座椅安全带并猛拉，即可测试安全带感应式卷收器。卷收器应能锁止，如果无法锁止，则更换座椅安全带卷收器。

紧急锁紧式安全带卷收器无法使用与以上相同的程序锁止。要测试这类安全带，需要在安全的地点执行制动测试。如果车辆配备有后排座椅腰式/肩式安全带，则需要一名助手来检查乘客侧和靠背内的卷收器。

通过让车辆以 $5 \sim 8 \ \text{m/s}^2$ 的加速度行驶并迅速踩下制动踏板来测试各安全带。如果安全带无法锁止，则更换座椅安全带总成。在执行此测试期间，假如卷收器无法锁止，驾驶员和助手应系紧自己的安全带。

许多卷收器都不可互换，如：卷收器凸舌上标记的 R 指仅适用于右侧，L 仅适用于左侧。

4. 锚定器的检查

首先认真检查卷收器的锚定器区域和安装螺栓。锚定器内堆积的污垢可能会导致座椅安全带收紧缓慢，可使用浸有异丙醇的干净抹布擦拭环的内侧，并应更换松动的螺栓，将新螺栓紧固至规定规格。其次，查看锚定点的金属部位是否有裂纹和变形。如果安装区域的金属部位损坏，则在重新安装锚定器前必须先进行适当的维修，例如焊接加强件的金属部位。务必对该部位重新进行防腐蚀处理。喷涂防腐蚀材料时，确保不会喷到卷收器内。否则，可能会妨碍卷收器的正常工作。最后，查看锚定器的周围区域是否存在污垢和腐蚀物。如果因碰撞而导致安全气囊展开，则应更换预紧器，因为它们是爆炸性装置，只能使用一次。

二、基本技能

卡罗拉安全带的就车检查

1. 准备工作

（1）防护装备：工作服；工作帽；手套；劳保鞋。

（2）车辆、台架、总成：卡罗拉整车。

（3）检测设备：万用表。

（4）手工工具：拆装工具一套。

（5）辅助材料：翼子板布和前格栅布、三件套、抹布、手套、白板笔等。

2. 安全带警告灯检查

（1）检查驾驶员座椅安全带警告灯。

如图 7-1-7 所示，点火开关置于"ON"位置，驾驶员座椅安全带未系紧时，组合仪表上的安全带警告灯应闪烁，系紧时警告灯熄灭。

（2）检查乘客座椅安全带警告灯。

如图 7-1-8 所示，点火开关置于"ON"位置，前排乘客座椅上有人且安全带未系紧时，组合仪表上的安全带警告灯应闪烁，系紧时警告灯熄灭。

图 7-1-7　驾驶员侧座椅安全带警告灯闪烁

图 7-1-8　前乘客侧座椅安全带警告灯闪烁

3. 安全带的使用和检查

（1）安全带在车上的位置如图 7-1-9 所示。使用之前先检查一下安全带的外观，并扯动安全带看其能否全部拉出和收回。然后再突然扯动安全带，检查安全带是否能够锁止。

（2）安全带高度调节装置位置如图 7-1-10 所示。

图 7-1-9　安全带动作检查

图 7-1-10　安全带高度调节装置

（3）安全带锁止元件位置如图7-1-11所示。

（4）利用安全带高度调节装置，可使肩部区域的安全带很好地和身体贴合，如图7-1-12所示。

图7-1-11　安全带锁止元件

图7-1-12　调节安全带高度

（5）佩戴安全带，把锁舌插入同一个座位上的锁止元件内，直至听到啮合的声音，如图7-1-13所示。

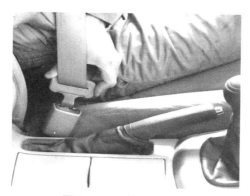

图7-1-13　锁止安全带

（6）安全带正确走势。正确的安全带走势对安全带的功能正常发挥至关重要，如图7-1-14所示。

（7）用手指按下锁止元件上的红色按钮，拔出安全带，如图7-1-15所示。

图7-1-14　安全带正确走势

图7-1-15　拔出安全带

三、学习小结

（1）预紧式安全带的作用及组成。

（2）预紧式安全带的功能检查。

四、任务分析

本情境中，如果安全带报警灯亮，可以进行自诊断。外观检查安全带及锁止机构，发现异常必须更换，不可维修。

五、自我评估

1. 填空题

（1）预紧式安全带与_____一起配合使用，在车辆发生碰撞时减少人员向前倾的惯性，从而减少对乘员的伤害。

（2）预紧式安全带由_____和_____等组成。

2. 判断题

（1）如果没有坐人或放重物，前排乘客安全带未系时，安全带报警灯不亮。（　　　）

（2）如果车辆配备了安全气囊，就不需要安全带了。（　　　）

工作任务二　安全气囊检修

▰任务情境

一、任务描述

一辆卡罗拉轿车，安全气囊警告灯亮，车间主管把检修任务交给你，你能完成吗？

二、任务提示

要进行安全气囊的检查，必须知道安全气囊的工作原理和维修注意事项。

▰任务目标

一、知识目标

（1）能描述安全气囊的作用和组成。
（2）能描述安全气囊的工作原理。
（3）能描述安全气囊的维修注意事项。

二、能力目标

能够进行安全气囊检查。

▰必备知识

一、基本知识

（一）安全气囊概述

1. 汽车安全与安全气囊

汽车的安全性分为两大类：一类叫作"主动安全性"，又称"积极安全性"。所谓主动可理解为防患于未然，重点是使车轮悬架、制动和转向的性能达到最优，尽量提高汽车行驶的稳定性、舒适性和安全性，减少行车时所产生的偏差。例如，安装防抱死制动装置 ABS 的目的是防止制动时发生方向失控和甩尾现象；安装驱动防滑装置 ASR 则是防止汽车产生侧滑，而采用转向动力辅助装置则可以减轻驾驶者的疲劳程度等。另一类叫作"被动安全性"，又称"消极安全性"。一旦事故发生时，被动安全装置用以保护内部乘员及外部人员的安全。

安全带和安全气囊就属于"被动安全性"保护装置。其中安全带在被动保护过程中起主要作用，而安全气囊起辅助作用，属于"辅助约束系统"（Supplemental Restraint System，SRS）。

安全气囊的作用是弥补佩戴安全带不能彻底保护汽车乘员头部、脸部和胸部的不足。

研究表明，驾驶室内未采用任何保护措施的汽车，在高速行驶撞击障碍物时，对乘员（特别是驾驶员）会造成巨大伤害。装有安全气囊的汽车在撞击障碍物时，通过充气后展开的气囊，对驾驶员和乘员的头部、胸部能起到保护作用，将大大减轻驾驶员和乘员的受伤害程度。美国一研究所分析了 1985—1993 年美国 7 000 起汽车交通事故，发现装有安全气囊的轿车遇到前部撞击时，驾驶者的死亡率中大排量轿车降低了 30%，中、小排量轿车分别降低了 11%、14%。

2. 安全气囊的作用

实验表明，安全带对乘员具有良好的约束力，可以防止乘员被惯性力甩离座位，并且在汽车发生碰撞时能够吸收由惯性力所产生的大部分能量。但在汽车碰撞实验分析中，发现安全带对驾驶员的头部、胸部以及膝部所能提供的保护是很薄弱的。而安全气囊对驾驶员头部、胸部以及膝部的保护效果则特别明显，大大地减少了驾驶员的死亡率和减轻了乘员的受伤程度。因此，安全气囊只是辅助保护系统，只有与安全带配合使用时才能起到预想的保护效果。交通事故统计数据表明，"三点式安全带+安全气囊"的防护效果最好。

3. 安全气囊的种类

（1）按结构形式的不同，可分为机械式安全气囊和电子式安全气囊两种。目前大多数轿车采用电子式安全气囊。

（2）按保护对象和方位的不同，可以分为驾驶员侧安全气囊、前乘客侧安全气囊和后排乘客侧安全气囊、防侧撞安全气囊，如图 7-2-1 所示。一些轿车还安装了下肢用安全气囊和行人安全气囊。

图 7-2-1　安全气囊实车位置示意图

① 驾驶员侧安全气囊。它属于在汽车正面碰撞时对驾驶员起防护作用的防护气囊，如图 7-2-2 所示。

② 前排乘客安全气囊。前排座是汽车主要的乘客坐席，在发生碰撞事故时，前排座乘客可能会与前风窗玻璃、窗框及门框等发生碰撞。因此，前排乘客安全气囊可以对前排乘客提供安全保护。

③ 后排乘客安全气囊。通常后排座不设置安全保护装置，但近年来对后排座乘员的安全防护的重视逐渐加强，有些汽车已在后排座上装置了安全气囊。

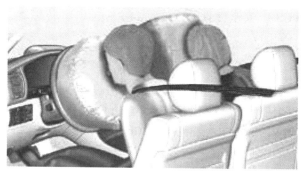

图 7-2-2　前排安全气囊效果图

④ 防侧撞安全气囊。目前越来越多的汽车都在采用防侧撞安全气囊，主要包括座椅侧气囊、B 柱侧气囊、幕帘式安全气囊（气帘），如图 7-2-3 所示。

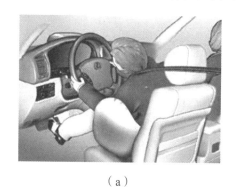

（a）

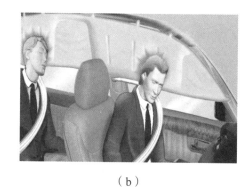

（b）

图 7-2-3　防侧撞安全气囊

⑤ 下肢用安全气囊。它是一种新型的安全气囊，在汽车发生碰撞时可对驾驶员的下肢、小腿、膝部进行保护，如图 7-2-4 所示。

6. 行人安全气囊

这是一种新型的专用保护行人的安全气囊系统，如图 7-2-5 所示。

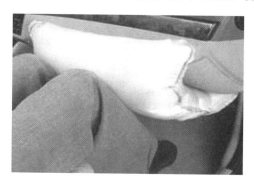

图 7-2-4　下肢用安全气囊

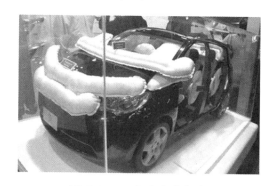

图 7-2-5　行人安全气囊

（二）安全气囊系统组成

安全气囊系统主要由驾驶员安全气囊模块（DAB）、前排乘员安全气囊模块（PAB）、安全气囊螺旋弹簧（SRS CS）、安全气囊电控单元（SRS ECU）、传感器、安全气囊线束及警示标签、安全气囊警告灯等组成。

1. 驾驶员安全气囊模块

驾驶员安全气囊模块（Driver Airbag，DAB）安装在转向盘中央饰盖内，不可分解，如图 7-2-6 所示。在正常的使用状态下，当发生一定强度的碰撞时，气囊模块接收到安全气囊电控单元（Supplemental Restraint Systen Engine Control Unit，SRS ECU）发出的点火信号，触发气体发生器迅速产生大量气体使气袋展开，从而达到保护驾驶员的目的。驾驶员安全气囊模块包括气体发生器、气袋、饰盖以及支架等零部件。

图 7-2-6 驾驶员侧安全气囊模块安装位置

2. 前排乘员安全气囊模块

前排乘员安全气囊模块（Passenger Airbag，PAB），安装在仪表板杂物盒上方。在正常的使用状态下，当发生一定强度的碰撞时，气囊模块接收到安全气囊电控单元发出的点火信号，触发气体发生器迅速产生大量气体使气袋展开，从而达到保护前排乘员的目的。

除饰盖与仪表板制成一体，前排乘员安全气囊模块的组成与驾驶员安全气囊模块基本相似。

3. 安全气囊螺旋弹簧

驾驶员安全气囊模块安装在转向盘上，与转向盘一起转动，它与 ECU 之间的导线连接是通过安全气囊螺旋弹簧来实现的。安全气囊螺旋弹簧（SRS Clock Spring，SRS CS）主要用于连接安全气囊线束与驾驶员安全气囊模块以及转向盘按键和整车相应功能模块的实时通信，确保静止端（下端线束等）和活动端（转向盘）之间随时随地地可靠连接。

螺旋弹簧安装在组合开关上，主要由螺旋形电缆、转盘、壳体、线束及辅助结构器件等组成。

4. 安全气囊电控单元

安全气囊电控单元（SRS ECU）的主要功能是实时监控汽车的状态，进行判断，对安全气囊气体发生器进行控制，必要时对其点火驱动。安全气囊电控单元一般安装在汽车中控面板下方的位置。

5. 传感器

汽车安全气囊用传感器按功能分为碰撞传感器和安全传感器两大类。碰撞传感器是安全气囊中用来检测碰撞强度的传感器，其安装位置依厂家设计而定，一般安装在汽车前方左右两侧，以分别检测前方左右两侧纵向 30°范围内的撞击；安全传感器的主要功能是用来防止气囊系统在非碰撞状况下引起气囊的误动作。

6. 安全气囊警告灯

SRS 警告灯位于组合仪表上，如图 7-2-7 所示。当安全气囊 ECU 总成的自诊断电路发现故障时，SRS 警告灯便点亮，通知驾驶员安全气囊系统存在故障。在正常情况下，当点火开关转至"ON"位时，此警告灯先常亮约 5 s，然后再熄灭。

图 7-2-7 安全气囊警告灯位置示意图

（三）安全气囊系统工作原理

1. 安全气囊系统组成部件的工作原理

（1）安全气囊螺旋弹簧（SRS CS）工作原理。

本螺旋弹簧的安装壳体固定于转向管柱上，转盘的上部插入转向盘中，呈涡旋形卷绕的 FFC 排线（游丝）装入转盘与安装壳体之间。当转向盘左右转动时，转盘也随之转动，带动 FFC 排线的输出端一起转动，从而使涡旋形状的 FFC 排线张开或收紧。这样既避免线束卷绕于转向管柱上，又保证了线束的连续性，从而保证电信号随时联通。另外，本螺旋弹簧也是车身给转向盘相关功能件供电的线束桥梁。

（2）传感器的工作原理。

① 碰撞传感器。碰撞传感器有滚球式、滚轴式、偏心锤式、压电效应式四种类型，目前广泛应用的是压电式碰撞传感器。

如图 7-2-8 所示，压电效应式碰撞传感器是利用压电效应制成的传感器。压电效应是指压电晶体在压力作用下，晶体外形发生变化而使其输出电压发生变化的效应。压电晶体通常用石英或陶瓷制成。在压力作用下，压电晶体的外形和输出电压就会发生变化。

图 7-2-8 碰撞传感器

当汽车遭受碰撞时，传感器内的压电晶体在碰撞产生的压力作用下，输出电压产生变化。SRS 电脑根据电压信号强弱便可判断碰撞的强度。如果电压信号超过设定值，SRS 电脑就会立即向点火器发出点火指令，引爆点火剂使气体发生器给气囊充气，使气囊展开，达到保护驾驶员和乘员的目的。

② 安全传感器。气囊系统通常装设两个安全传感器，通常为水银开关式，用来防止系统在非碰撞状况引起气囊的误动作。它装在电子控制器内，实际是一个水银常开开关。当发生碰撞时，足够大的减速度力将水银抛上，使安全传感器两触头（触点）闭合，将电雷管电路接通。它只有在车辆前方发生冲撞时才对减速度作出响应。否则，对冲撞以外的其他原因，即便碰撞传感器有信号输出，如果此安全传感器无输出，则应判定车辆无冲撞，以防止不必要情况下安全气囊的展开。

（2）安全气囊电控单元（SRS ECU）工作原理。

SRS ECU 一般是通过安全气囊系统的碰撞传感器和加速度传感器探测当前车况，根据其产生的数据，对当前汽车的状态进行判别，分析是否发生碰撞以及碰撞的严重程度，并在合适的情况下驱动安全带及安全气囊气体点火器，收紧安全带并展开气囊，保护驾乘人员安全。

2. 安全气囊系统工作原理

如图 7-2-9 所示为别克君威轿车安全气囊控制原理图。当车辆发生正面碰撞事故时，碰撞传感器将产生碰撞信号，安全气囊 ECU 将检测到碰撞信号，并对其进行分析，判断是否达到点火要求。一旦达到要求，立即发出点火脉冲，由此引燃各安全气囊模块内的点火管，点火管再引燃各安全气囊模块内部的固体燃料，产生大量气体，在极短的时间内给气袋充气使其急剧膨胀，冲开饰盖，形成饱满的气袋，以缓冲碰撞事故对驾驶员及乘员的冲击，从而保护驾驶员及乘员免受或减少伤害。

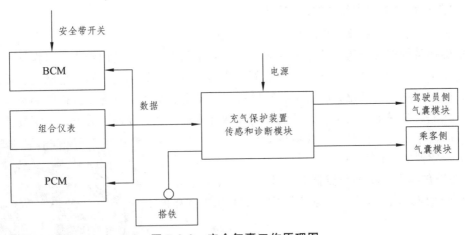

图 7-2-9　安全气囊工作原理图

正面安全气囊仅在当车辆相对于刚性固定障碍物碰撞速度高于 30 km/h、车辆发生严重的碰撞而且从车辆前面的纵轴的碰撞角度小于 30°时才展开。车辆发生侧面撞击、后面撞击或翻车碰撞时以及正面碰撞中车辆速度小于安全气囊展开的最低速度时，安全气囊不工作。

当汽车发生碰撞事故且产生的减速度达到或超过预先设定的数值时，安全气囊立即被引爆、展开，从而对驾驶员或乘员起到安全保护作用。其作用过程如下：碰撞→碰撞传感器→电子控制器→（电脉冲）→气体发生器→充气、气囊展开→保护乘员。汽车发生正面碰撞时驾驶员的安全气囊展开过程如图 7-2-10 所示（其中具体时间与多种因素有关，图示时间仅供参考）。

图 7-2-10　安全气囊展开过程图

① 0 ~ 10 ms：在汽车特定的敏感部位处，装置碰撞传感器。碰撞传感器受到足够的碰撞冲量作用时，在 10 ms 内，将触发信号输送到中央电子控制器。

② 10 ~ 20 ms：在中央电子控制器中，主要有对安全气囊系统进行监测和控制的微处理器，能够对传感器输入的触发信号立即进行计算、比较和判断。如果碰撞冲量超过预先的设定值，中央电子控制器立即释放一个电脉冲火花，使气体发生器中的雷管急速爆炸。

③ 20 ~ 60 ms：雷管的爆炸击穿装气体发生器的燃料盒，将固体燃料点燃并产生高温、高压气体（氮气），快速地经过滤器过滤冷却后冲入安全气囊。气囊在 20 ~ 60 ms 内张开达到最大容积，在乘员与车内装备之间形成一个气垫。

④ 60 ~ 100 ms：与此同时，装在气囊后面的排气孔打开，气囊泄气并收缩。由于气体的阻尼作用，吸收了碰撞的能量，缓解了气囊对乘员头部和脸部的压力，使乘员陷入较柔软的气囊中。由于安全气囊将乘员与车内装备隔开，而使得乘员得到保护。最后气体全部从排气孔排出，气囊瘪下。

安全气囊从碰撞到展开，最后完全泄气整个过程大约 60 ~ 100 ms。安全气囊展开进行保护的过程是一种不可逆的过程，在完成上述过程后，必须更换气囊。

（四）安全气囊控制电路

以丰田卡罗拉为例，安全气囊控制电路如图 7-2-11 所示。

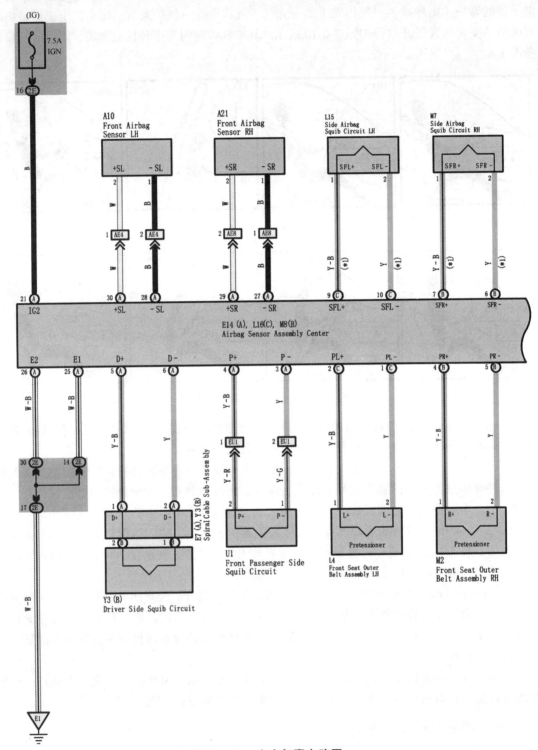

图 7-2-11　安全气囊电路图

（五）安全气囊维修注意事项

诊断系统前，通过观察安全气囊警告灯，并将观察结果与车辆维修手册中描述的内容进行比较以执行系统检查。要检查安全气囊系统的状态，确保点火开关已经关闭至少 2 s。然后，打开点火开关。SRS 警告灯应亮，并持续亮大约 6 s。在此期间，执行系统（包括预紧器）的预检。

如果系统检测到故障，则 SRS 警告灯将一直亮。如果该灯闪烁或熄灭，随后再次亮，可能是指示电源电压过低。点火开关初次打开时，如果灯不亮，则指示系统出现故障。

如果存在上述任一情况，则需要对系统进行检查。诊断因故障而解除的系统时，最好先对传感器的完整性进行全面的目视检查。由于碰撞导致系统损坏或因执行与该系统无关的维修而误操作此系统时，可能会设定故障部位，从而解除安全气囊系统。

此外，还应观察乘客安全气囊指示灯。它的显示状态指示乘客重量传感器以及安全气囊模块的状态。务必参考维修信息来解读指示灯。正常的显示状态会随着在乘客座椅内检测到的情况而变化。如果检测到故障，则 SRS 警告灯将亮，同时乘客安全气囊"OFF"指示灯也将亮。

如果警告灯的工作情况指示出现故障，则应检查系统的 DTC。如果乘客侧出现故障，则应先检查安全气囊系统中的 DTC，然后检查乘员分级系统。

1. 读取故障码

如果系统检测到 SRS 系统中出现故障，则将会在存储器中存储故障数据，并且警告指示灯将亮。通常会存储两种故障，激活 DTC 将使安全气囊警告灯亮。相反，存储码是间歇性故障，则警告灯可能无法亮。

SRS 故障确认起来比较困难，因此，要对系统进行故障排除，DTC 极为重要。多数系统都具有两位数或五位数的 DTC。两位数的代码为 SRS 警告指示灯显示的闪烁代码。五位数的代码显示在故障诊断仪上。要特别注意，断开电池负极电缆时，将会清除系统的存储器，因此，应在断开电池前检索 DTC。

（1）闪烁代码。

在使用警告灯或数字式仪表板显示代码的车辆上，应确保按照厂家规定的程序来检索代码。通常会将跨接线连接到 DLC 的两个端子上，并打开点火开关。确保正确连接线束，并且不要接触连接器内的另一个针脚。一旦将跨接线固定到位，即可观察 SRS 警告灯的工作情况。记录闪烁次数，并参考厂家的代码表来解读该代码。如果存储了一个以上的 DTC，则第二个代码将会在显示第一个代码后不久闪烁。多数情况下，关闭点火开关后，将会清除代码。

（2）故障诊断仪 DTC 检索。

要检索代码，应将故障诊断仪连接到 DTC，并打开点火开关。按照故障诊断仪上的说明来检索安全气囊信息。记录所有存储码和激活码。按从小到大的数字顺序诊断设定代码的原因。存储码可使用故障诊断仪来清除，而激活码只有在排除故障后才能清除。检索到代码后，可参考厂家的资料来确定并排除故障。测试系统的个别零件时必须小心。不遵循正确的程序或使用错误的工具，可能会导致安全气囊展开。这样做不但危险，而且还会造成严重的经济损失。切勿尝试检查安全气囊模块的电阻。

2. 维修安全气囊系统

无论何时操作安全气囊系统，都要遵循所有安全警告，警告示例如下：

（1）在车内执行任何作业时，一定要注意所有安全气囊的位置，在操作这些部位时应特别小心。维修安全气囊系统时，应佩戴防护眼镜。

（2）在对安全气囊系统或其周围执行任何维修前，应在断开电池后等待至少 30 分钟，使储能模块存储的电量足以在失去电池电压后展开安全气囊。

（3）务必正确遵循厂家提供的维修程序。否则可能会导致 SRS 展开。此外，如果未正确维修系统，则系统可能会在需要工作时无法工作。

（4）切勿拆解或尝试维修任何零件以再次使用它们；务必用新零件进行更换。

（5）谨慎操作所有安全气囊传感器。请勿撞击或晃动传感器，否则安全气囊可能会展开。

（6）拿有效的安全气囊模块时，应使装饰件和气囊远离身体。请勿握住该模块的线束或连接器。

（7）将有效的模块放到台架上时，使装饰件和安全气囊朝上。

（8）展开的安全气囊上可能会有粉末状残余物。氢氧化钠是由于气囊展开时发生化学反应而产生的，并且会在与大气中的湿气接触后转化成碳酸钠。氢氧化钠不可能会一直存在，但是处理已展开的安全气囊时，仍应佩戴防护眼镜和手套。处理完气囊后，应立即洗手。

（9）在报废有效的安全气囊模块前，必须先将其展开。因为安全气囊的展开会经历一个爆炸性过程，所以报废不当可能会导致人身伤害或被处以罚款。应根据 EPA 和厂家的程序来报废已展开的安全气囊。

（10）请勿使用电池或交流电供电式电压表、欧姆表或维修手册中未规定的其他任何测试设备来测试安全气囊模块。切勿使用测试灯来探测电压。

（11）完成对 SRS 的操作后，执行 SRS 警告灯检查。

二、基本技能

驾驶员侧安全气囊的检查

1. 准备工作

（1）防护装备：工作服；工作帽；手套；劳保鞋。

（2）车辆、台架、总成：卡罗拉整车或其他车型。

（3）检测设备：KT600 诊断仪。

（4）手工工具：拆装工具一套。

（5）辅助材料：翼子板布和前格栅布、三件套、抹布、手套、白板笔等。

2. 实施步骤

（1）检查安全气囊警告灯。

如图 7-2-12 所示，驾驶员将点火钥匙从"OFF"位置切换至"ON"位置时，备用状态灯将迅速点亮，发动机开始运行后，该灯应熄灭。

图 7-2-12　检查 SRS 灯熄灭

（2）如果发动机运转过程中，安全气囊指示灯点亮，说明安全气囊系统记忆故障，应采用诊断仪器进行故障码读取，根据故障码内容检修，然后清除故障码。

三、拓展知识

（一）安全气囊控制单元编码

（1）大众车系更换新的安全气囊控制单元，需要进行控制单元编码。

（2）新的安全气囊控制单元没有进行过编码，控制单元的初始编码为 0。

（3）不同的控制单元编码具备不同的功能和配置。

（4）未编码的控制单元会使安全气囊故障警报灯一直点亮，并产生故障码。

（二）安全气囊控制单元编码操作程序

（1）使用诊断仪读取旧控制单元零件索引号和控制单元编码（CODING）。

（2）使用诊断仪读取新控制单元零件号和控制单元编码。

（3）比较新旧控制单元编码是否一样，如不一样，或新控制单元编码为 00000，则需要对新控制单元进行控制单元编码（旧控制单元编码也为 00000 除外）。

（4）诊断仪选取系统通道 15（安全气囊系统）。

（5）选取功能通道 07（控制单元编码）。

（6）修改新的控制单元编码。

（7）如无旧控制单元编码号，可通过控制单元零件索引号，查阅维修资料，查找与零件号匹配的控制单元编码。如图 7-2-13 所示为大众安全气囊控制单元零件号。

（8）若出现更换新的安全气囊控制单元无法进行编码，诊断仪显示"车辆系统不存在"的故障码，则需要检查安全气囊控制单元是否正确安装。

图 7-2-13　大众安全气囊控制单元

（9）编码完成后，读取和清除故障码，检查气囊故障灯是否正常。

四、学习小结

（1）安全气囊的作用、组成及工作原理。

（2）卡罗拉 SRS 系统控制电路。

（3）SRS 的诊断方法及注意事项。

（4）卡罗拉驾驶员侧安全气囊的拆装步骤。

五、任务分析

本情境中，安全气囊警告灯亮，必须用检测仪器读取故障代码，根据故障代码内容检修。安全气囊的部件如果损坏必须更换新件。

六、自我评估

1. 填空题

（1）安全气囊的作用是_____，与_____配合使用效果最好。

（2）汽车的安全系统分为两大类，即_____和_____。

2. 判断题

（1）安全气囊系统只要接收到碰撞传感器的信号，都将会引爆安全气囊。（　　　）

（2）有了安全气囊，就可以不用系安全带了。（　　　）

（3）将安全气囊放到台架上时，使装饰件和安全气囊朝下放置。（　　　）

（4）拆卸了蓄电池桩头，就可以立即拆卸和检修安全气囊。（　　　）

学习项目八 中控防盗系统检修

本学习项目主要学习中控防盗系统检修，分为三个工作任务：任务一——中控门锁检修；任务二——遥控系统检修；任务三——防启动钥匙系统检修。学生通过三个工作任务的学习，能进行中控防盗系统的操作与检修。

工作任务一 中控门锁检修

▰ 任务情境

一、任务描述

一辆卡罗拉进厂报修中控门锁不工作，你的主管将这个检修任务分配给你，你能完成吗？

二、任务提示

门锁中控系统主要通过门锁开关和主门门锁开关控制所有车门的开锁或闭锁。

▰ 任务目标

一、知识目标

（1）能描述中控门锁的作用和结构组成。
（2）能描述中控门锁操作方法。
（3）能描述如何识别中控门锁电路。

二、能力目标

（1）能进行中控门锁的操作。
（2）能拆装中控门锁。

必备知识

一、基本知识

（一）中控门锁概述

1. 中控门锁的作用

为了方便驾驶员和乘客开关车门，现在车辆都安装了中央控制门锁系统，简称中控门锁或中央门锁。车辆安装了中控门锁，驾驶员可以在锁住和打开自己车门的同时锁住或打开其他的车门，而除了中控门锁控制外，乘客还可以利用各车门的机械式弹簧锁开关车门。

2. 中控门锁的组成

（1）控制开关。

门锁控制开关又分以下几种，具备不同的功能。

① 门锁控制开关。

一般安装在驾驶员侧门内的扶手上，通过门锁控制开关可以同时锁上和打开所有车门，如图 8-1-1 所示。

② 钥匙控制开关。

安装在每个前门的钥匙门上，如图 8-1-2 所示。当从外面用钥匙开门和关门时，钥匙控制开关就发出开门或锁门的信号给门锁控制 ECU 或门锁继电器。

图 8-1-1　门锁控制开关图

图 8-1-2　钥匙控制开关

③ 行李箱门开启器开关。

一般安装于仪表板下面或驾驶员座椅左侧车厢底板上，拉动此开关便能打开行李箱门，如图 8-1-3 所示。这时拉行李箱开启器才能打开行李箱。否则需要用钥匙打开行李箱或触发遥控器的行李箱开启按键。

④ 门锁（门锁位置）开关。

安装于车门锁总成中，用于检测车门的开闭情况：当车门关闭时，门锁开关断开；车门开启时，门锁开关接通，如图 8-1-4 所示。

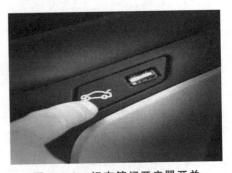

图 8-1-3　行李箱门开启器开关

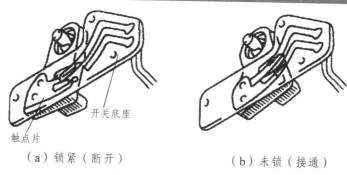

（a）锁紧（断开）　　　　　　　（b）未锁（接通）

图 8-1-4　门锁位置开关

（2）门锁总成。

门锁总成主要由门锁传动机构、门锁位置开关和外壳等组成，如图 8-1-5 所示。门锁传动机构主要由门锁电机和蜗轮齿轮组成，门锁电动机是门锁的执行器，当门锁电机转动时，蜗杆带动蜗轮转动，蜗轮推动锁杆，车门被锁上或打开，然后蜗轮在复位弹簧的作用下返回原位置，防止操纵门锁时电动机工作。

图 8-1-5　门锁电机总成

3. 中控门锁的控制

中控门锁系统由车身 ECU 进行控制，车身 ECU 向各门锁电动机输出信号。主开关或门锁控制开关发送"锁止或解锁"请求信号至车身 ECU，然后车身 ECU 立即对这些输入信号做出反应并向各个车门的门锁电机发出这些请求信号以锁止或解锁所有车门。使用机械钥匙操作驾驶员门锁，可向车身 ECU 发送锁止或解锁的请求信号。

（1）手动锁止和解锁功能。

此功能可通过操作门锁控制开关锁止或解锁所有车门。

（2）钥匙联动和锁止功能。

锁止或解锁功能起作用时，与机械钥匙锁芯联动的该功能可以锁止或解锁所有车门。

（3）防止钥匙锁在车内功能。

如果当电子钥匙或机械钥匙在车厢内或点火锁芯内时，执行各门锁或驾驶员侧门锁操作，所有车门将解锁。

（二）中控门锁控制电路

以丰田卡罗拉为例，中控门锁控制电路如图 8-1-6 所示。

门锁控制

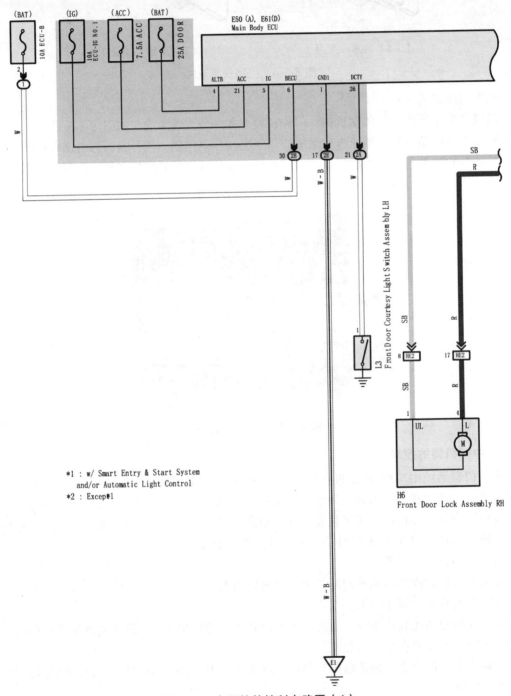

*1 : w/ Smart Entry & Start System
and/or Automatic Light Control
*2 : Except*1

图 8-1-6　卡罗拉的控制电路图（1）

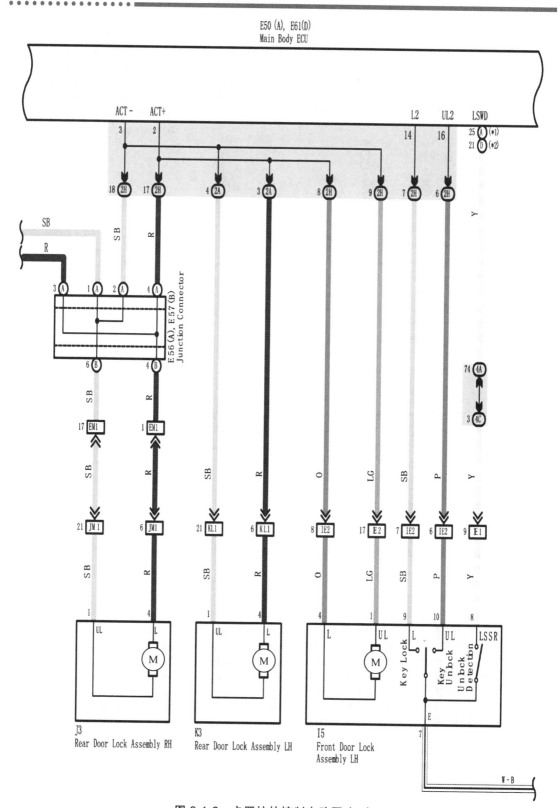

图 8-1-6　卡罗拉的控制电路图（2）

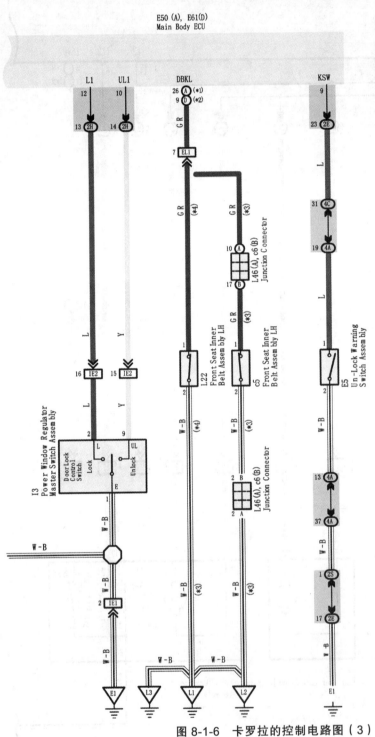

图 8-1-6 卡罗拉的控制电路图（3）

图中各零件代码名称如表 8-1-1 所示。

表 8-1-1　各零件代码名称

零件代码	名　　称	零件代码	名　　称
E5"	车身控制 ECU	L3	左前车门门控灯开关
H6	右前门锁电机	J3	右后门锁电机
K3	左后门锁电机	I5	左前门锁电机总成
I3	电动车窗升降器开关	L22/C5	左前安全带带扣开关
E5	未锁止警告灯开关		

控制电路主要执行以下两种动作：

（1）上锁。

当钥匙开关或门锁控制开关打到"I5"左前门锁总成的上锁挡"Key lock"挡时，车身控制 ECU "L2" 14 号端子接收到上锁信号，车身控制 ECU 就会向"ACT+"2 号端子输出正电，分别经过车门的四个电机回到车身控制 ECU "ACT－"3 号端子，通过车身控制 ECU 控制内部搭铁，这样各个车门进行上锁动作。

（2）解锁。

当钥匙开关或门锁控制开关打到"I5"左前门锁总成的上锁挡"Key unlock"挡时，车身控制 ECU "UL2" 16 号端子接收到上锁信号，车身控制 ECU 就会向"ACT－"3 号端子输出正电，分别经过车门的四个电机回到车身控制 ECU "ACT+"2 号端子，通过车身控制 ECU 控制内部搭铁，这样各个车门进行解锁动作。

当左前车门锁在解锁和开锁过程中，门锁总成中的"unlock detection"开关来确认门锁电机是否动作并把信号发送给车身控制 ECU；当车门未关严时，"E5"门锁未锁止警告灯开关会把信号发送给车身控制 ECU，最终在仪表上提醒驾驶员车门未锁上；当驾驶员打开车门时，左前门门控灯开关就会发出信号给车身 ECU，从而控制门控灯点亮，方便上下车。

二、基本技能

前门锁总成的更换

1. 准备工作

（1）防护装备：工作服；工作帽；手套；劳保鞋。

（2）车辆、台架、总成：卡罗拉整车。

（3）检测设备：万用表。

（4）专用工具：内饰拆装工具。

（5）手工工具：拆装工具一套。

（6）辅助材料：翼子板布和前格栅布、三件套、抹布、手套、白板笔等。

2. 前门锁总成的更换实施步骤

（1）拆卸前扶手座上面板。

① 如图 8-1-7 所示，用头部缠有保护胶带的螺丝刀或内饰拆装工具，分离 2 个卡子和 6 个卡爪，并拆下前扶手座上面板。

② 如图 8-1-8 所示，断开连接器。

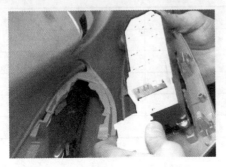

图 8-1-7　拆卸前扶手座上面板

图 8-1-8　断开连接器

（2）拆卸前门内把手框。

如图 8-1-9 所示，用头部缠有保护胶带的螺丝刀，分离 3 个卡爪并拆下前门内把手框。

（3）拆卸前门下门框支架装饰条。

如图 8-1-10 所示，拆卸前门下门框支架装饰条。

图 8-1-9　拆卸前门内把手框

图 8-1-10　拆卸前门下门框支架装饰条

（4）拆卸前门装饰板分总成。

① 如图 8-1-11 所示，用头部缠有保护胶带的螺丝刀，分离卡爪并断开车门扶手盖，拆下 2 个螺钉。

② 用卡子拆卸工具分离 10 个卡子和分离 5 个卡爪，从前门窗玻璃内密封条上分开门装饰板分总成。

③ 如图 8-1-12 所示，分离 2 个卡爪，并断开前门内把手分总成。

图 8-1-11　拆卸前门装饰板分总成

图 8-1-12　拆卸前门内把手分总成

（5）拆卸车门装饰条支架。

如图 8-1-13 所示，拆下 2 个螺钉和车门装饰板支架。

（6）断开门锁线束连接器。

如图 8-1-14 所示，断开门锁线束连接器。

图 8-1-13　拆卸车门装饰条支架

图 8-1-14　断开线束连接器

（7）拆卸前门丁基胶带。

如图 8-1-15 所示，拆卸前门丁基胶带。

（8）拆卸前门玻璃内密封条。

如图 8-1-16 所示，从前门板上拆下前门玻璃内密封条。

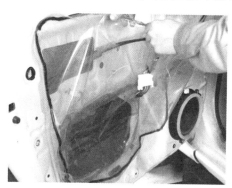

图 8-1-15　拆卸前门丁基胶带

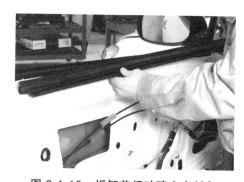

图 8-1-16　拆卸前门玻璃内密封条

（9）拆卸前门玻璃分总成。

① 如图 8-1-17 所示，连接蓄电池负极端子，再连接电动车窗升降器主开关总成，并移动前门玻璃分总成以便能看到车门玻璃螺栓。

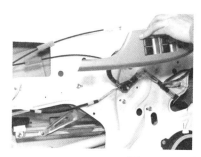

图 8-1-17　调整前门玻璃位置

② 如图 8-1-18 和图 8-1-19 所示，断开蓄电池负极端子和电动车窗升降器主开关总成，拆下 2 个螺栓。

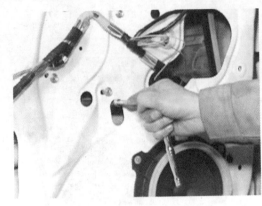

图 8-1-18　拆卸前门车窗玻璃固定螺栓

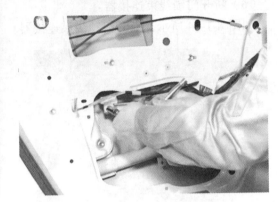

图 8-1-19　拆卸车窗升降器固定螺栓

③ 如图 8-1-20 所示，拆下前门玻璃分总成。

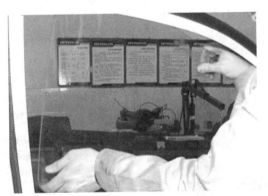

图 8-1-20　拆下前门玻璃分总成

（10）拆卸前门窗升降器分总成。

① 如图 8-1-21 所示，断开连接器，松开临时螺栓，拆下 5 个螺栓。

② 将前门窗升降器分总成和前电动车窗升降器电动机总成作为一个单元拆下，从前门窗升降器分总成上拆下临时螺栓。

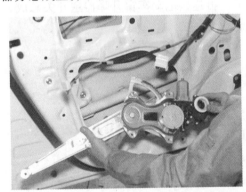
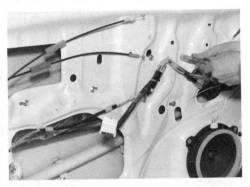

图 8-1-21　拆下前门升降器分总成

（11）拆卸前门后下门框分总成。

① 如图 8-1-22 所示，拆下螺栓和前门后下门框分总成。

② 如图 8-1-23 所示，分离卡爪和卡子，并拆下前门下门框支架装饰条，断开连接器。

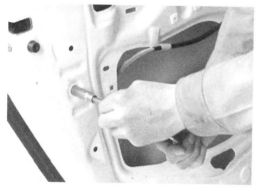

图 8-1-22 拆卸前门后下门框分总成固定螺栓

图 8-1-23 拆卸前门下门框支架

（12）拆卸前门外把手盖。

① 如图 8-1-24（a）、（b）所示，拆下孔塞，用梅花扳手松开（不是拆下）螺钉，然后将前门外把手盖和车门锁芯一体拆下。

② 如图 8-1-24（c）所示，用螺丝刀分离 2 个卡爪并拆下前门外把手盖。

（a）

（b）

（c）

图 8-1-24 拆卸前门外把手盖

（13）拆卸前门门锁总成。

① 如图 8-1-25 所示，拆下 3 个螺钉，向下滑动气门门锁总成，并将前门锁开启杆从外把手框中拉出，然后将前门门锁总成和拉索作为一个整体拆下。

② 将前门锁开启杆从前门门锁总成上拆下。

③ 将门锁线束密封从前门门锁总成上拆下。

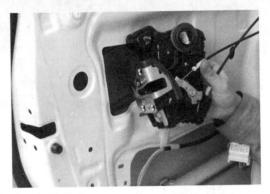

图 8-1-25　拆卸前门门锁总成

（14）安装前门锁总成。

按照拆装顺序的反顺序安装。

三、学习小结

（1）中控门锁组成主要由门锁、门锁开关、车身 ECU 组成。

（2）各主要零部件作用。

（3）如何操作中控门锁。

（4）中控门锁的拆装。

四、任务分析

本情境中，中控门锁不动作，故障可能出在门锁开关、门锁和线路，应按从简单到复杂的顺序进行检修。

五、自我评估

1. 填空题

（1）驾驶员可以利用_____在锁住和打开自己车门的同时锁住或打开其他的车门。

（2）门锁总成主要由门锁、_____和外壳等组成。

2. 判断题

（1）当按下主门锁止键后只打开主门门锁。（　　　）

（2）使用钥匙开门时可以打开所有的车门。（　　　）

（3）乘客侧车门内没有门控开关。（　　　）

工作任务二 遥控系统检修

任务情境

一、任务描述

一辆卡罗拉进厂报修遥控门锁不工作，你的主管将这个任务分配给你，你能完成吗？

二、任务提示

车辆遥控器可遥控控制所有车门的开锁或闭锁。

任务目标

一、知识目标

（1）能够描述遥控门锁系统的结构组成。
（2）能够描述遥控门锁系统的操作。
（3）能够分析卡罗拉遥控门锁的电路。

二、能力目标

能对遥控钥匙的功能进行检查。

必备知识

一、基本知识

（一）遥控门锁概述

1. 遥控门锁的作用

遥控门锁控制系统的作用是从远处锁止和解锁所有车门。该系统由手持式发射器控制，手持式发射器向所有车门控制接收器发送无线电波。认证 ECU 执行识别码识别过程并接合门锁控制。

2. 遥控门锁系统的结构组成

遥控门锁的结构组成如下：

（1）车门控制发射器。

即遥控器，有锁止（闭锁）、解锁和行李箱开启开关，向车门控制接收器发送弱无线电波（识别码和功能代码），如图 8-2-1 所示。

图 8-2-1 车门控制发射

（2）车门接收器。

从车门控制器发射接收弱无线电波并将它们发送至认证 ECU。

（3）前、后门控灯开关和行李箱门控灯开关。

当车门打开时接通，车门关闭时断开，同时将车门状态（打开或关闭）输出至车身 ECU。

（4）门锁位置开关。

将各车门的门锁位置信号发送至车身 ECU，如图 8-2-2 和图 8-2-3 所示。

（5）认证 ECU。

发送遥控门锁控制信号以响应来自车门门锁控制器的代码数据和来自 ECU 的信号。

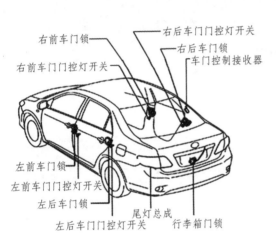

图 8-2-2　遥控门锁元件位置（1）

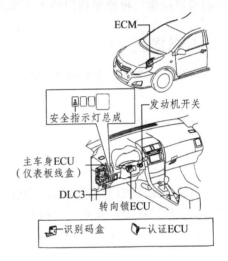

图 8-2-3　遥控系统元件位置（2）

3. 遥控门锁系统控制

（1）车门锁止。

按下锁止开关锁止所有车门。

（2）车门解锁。

按下锁止开关解锁所有车门。

（3）自动锁止。

如果车门通过遥控门锁控制解锁后，在 30 秒内没有打开任何车门，则所有车门将再次自动锁止。

（4）行李箱门打开。

按下发射器的行李箱门开启开关打开行李箱门。

（5）应答。

① 当通过遥控操作锁止车门时，危险警告灯闪烁一次。

② 当通过遥控操作解锁车门时，危险警告灯闪烁两次。

（6）解锁照明。

当所有车门锁止时，按下解锁开关会使车内照明灯随解锁操作同步亮起。

（二）遥控门锁控制电路

以卡罗拉为例，遥控门锁控制电路如图 8-2-4 所示。

遥控门锁控制（不带智能上车和启动系统）

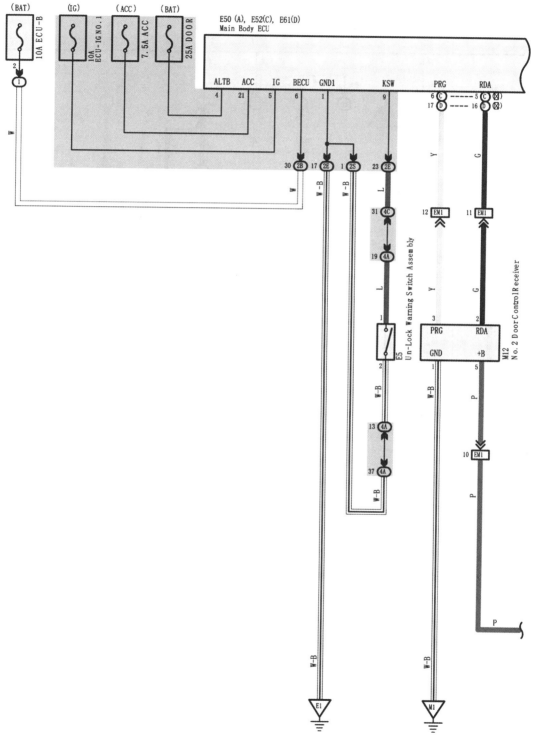

图 8-2-4　卡罗拉遥控门锁控制电路图（1）

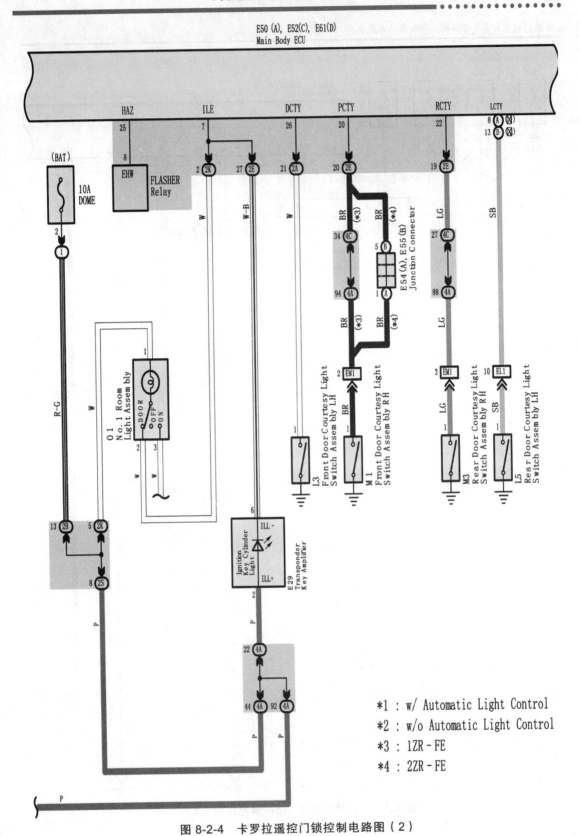

图 8-2-4 卡罗拉遥控门锁控制电路图（2）

遥控门锁控制（不带智能上车和启动系统）

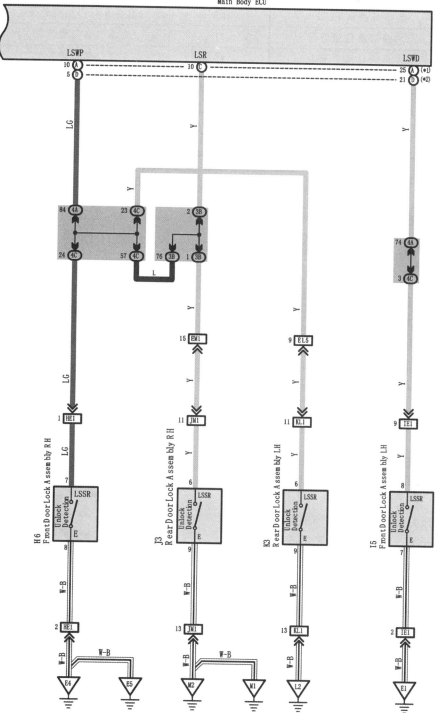

图 8-2-4　卡罗拉遥控门锁控制电路图（3）

图中各零件代码名称如表 8-2-1 所示。

表 8-2-1　各零件代码名称

零件代码	名　　称	零件代码	名　　称
E50	车身控制 ECU	L3	左前车门门控灯开关
H6	右前门锁位置开关	J3	右后门锁位置开关
K3	左后门锁位置开关	I5	左前门锁位置开关
I3	电动车窗升降器开关	M12	2 号车门控制接收器
E5	未锁止警告灯开关	O1	1 号车厢门控灯
E29	钥匙收发器放大器	M1	右前车门门控灯开关
M3	右后车门门控灯开关	L5	左后车门门控灯开关

二、基本技能

遥控器的功能检查与匹配

以丰田卡罗拉为例，介绍遥控器功能检查与匹配步骤。

1. 准备工作

（1）防护装备：工作服；工作帽；手套；劳保鞋。

（2）车辆、台架、总成：卡罗拉整车。

（3）检测设备：万用表。

（4）手工工具：拆装工具一套。

（5）辅助材料：翼子板布和前格栅布、三件套、抹布、手套、白板笔等。

2. 遥控器功能检查

（1）检查基本功能。

① 如图 8-2-5 所示，检查并确认按下各开关 2 次时，发射器 LED 灯亮 3 次，并且按住各开关时 LED 闪烁，如 LED 未亮则更换遥控器电池。

② 按下锁止开关，检查并确认所有车门均锁止。

③ 按下解锁开关，检查并确认所有车门均解锁。

（2）检查自动锁止功能。

图 8-2-5　按下遥控器开关

① 检查并确认如果用解锁开关解锁所有车门后大约 30 s 内没有打开车门或锁止任何车门，则车门自动重新锁止。

② 如图 8-2-6 所示，检查并确认如果用解锁开关解锁所有车门后大约 30 s 内打开某一车门，则自动锁止功能不能运行。

（3）检查车内照明灯的亮起功能。

① 检查车内照明的那个开关转至 DOOR 位置。

图 8-2-6　打开车门

② 如图 8-2-7 所示，按下解锁开关时，检查并确认解锁操作时同时车内照明灯亮起。

③ 解锁操作大约 15 s 后，如果无车门打开，检查并确认车内照明灯熄灭。

（4）检查应答功能。

① 如图 8-2-8 所示，当通过遥控操作锁止车门时，危险警告灯闪烁一次。

② 当通过遥控操作解锁车门时，危险警告灯闪烁两次。

图 8-2-7　按下解锁键时门控灯亮

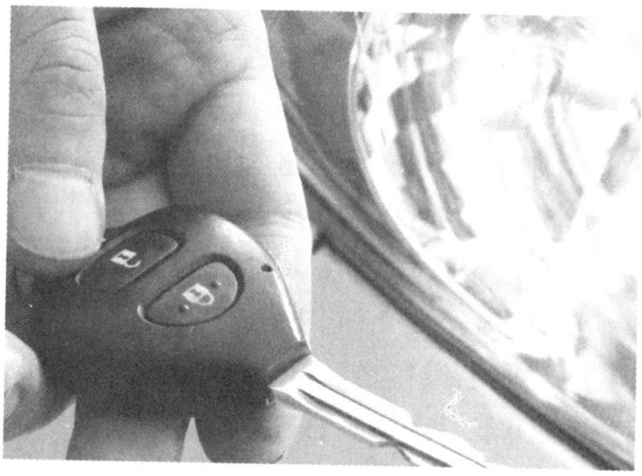

图 8-2-8　按下解锁键

（5）检查开关操作的失效保护功能。

如图 8-2-9 所示，检查并确认当钥匙插入点火锁芯时车门无法通过操作开关锁止。

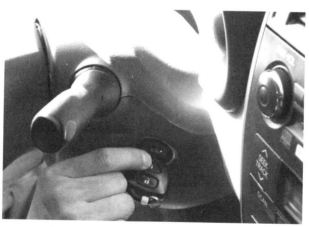

图 8-2-9　检查开关操作的失效保护功能

3. 遥控钥匙的匹配

注意事项：

（1）更换车门控制发射器或车门控制接收器时，应注册识别码。

（2）如果在注册新识别码的同时仍需保留已注册的识别码，应使用添加模式。添加发射器时，使用该模式。如果注册码数量超过 6 个，则以前注册的代码将会按顺序相应地被清除，且先从最早注册的代码开始。

（3）使用改写模式清除所有以前注册的代码并仅注册新的识别码，更换新的发射器或车门控制接收器时，使用该模式。

（4）使用确认模式确认在注册另识别码前已注册的识别码数量。

（5）使用禁止模式清除所有已注册的代码，并取消遥控门锁功能，当发射器丢失时使用该模式。

（6）以下注册程序必须按顺序连续地进行。

实施步骤：

（1）车辆应置于以下条件下：

① 钥匙未插入点火锁芯。

② 仅驾驶侧车门打开。

（2）执行下列操作以选择所需的模式：

① 5 s 内将钥匙在点火开关中插入并拔出两次，结束时拔出。

② 在以上操作之后，关闭和打开驾驶员车门两次，结束时打开，随后将钥匙插入点火锁芯，然后拔出，在 40 s 内完成该步骤。

③ 在以上操作之后，关闭和打开驾驶员侧车门两次，结束时打开，然后将钥匙插入点火锁芯并关闭车门，该步骤在 40 s 内完成。

④ 如图 8-2-10 所示，以约 1 s 时间间隔，将点火开关从"LOCK"位置转到"ON"位置然后转回到"LOCK"位置 1 到 5 次，以选择一种模式，然后将钥匙从点火锁芯中拔出，该步骤在 40 秒内完成。如果点火开关 ON-LOCK 操作次数为 0、4、6 或更多，将不会作出选择何种模式的响应。

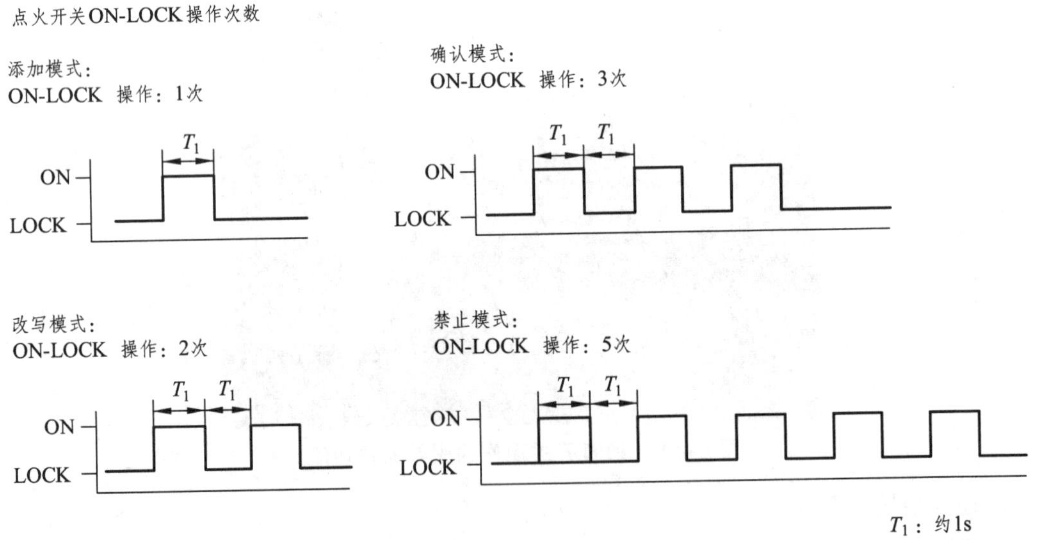

图 8-2-10　模式的选择

⑤ 如图 8-2-11 所示，选择了一种模式后，主车身 ECU 会在 5 s 内自动执行电动车门 LOCK-UNLOCK 操作，以通知已选择的模式。

提示：在确认模式下，对于每个已注册的识别码会发生一次 LOCK-UNLOCK 操作，例如已注册了 2 个识别码，就会出现两次 LOCK-UNLOCK 操作；在确认模式和禁止模式下，一旦 LOCK-UNLOCK 操作出现响应，注册程序将会结束。

对选择模式做出响应（电动门锁操作）

添加模式：

LOCK-UNLOCK 操作：1次

确认模式：

LOCK-UNLOCK 操作：注册码数量（1~6次）

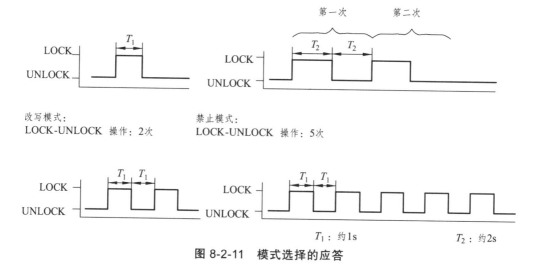

改写模式：

LOCK-UNLOCK 操作：2次

禁止模式：

LOCK-UNLOCK 操作：5次

图 8-2-11　模式选择的应答

（3）注册新的识别码（添加模式或改写模式）。

① 选定了添加模式或改写模式后 45 s 内，同时按下发射器开关上的锁止和解锁开关 1 秒至 1.5 秒，然后按下其中一个开关操作 1 s（程序 A）。

② 松开发射器开关 5 s 内，如果正确完成了发射器的识别码注册，会自动执行 LOCK-UNLOCK 操作一次；如果 LOCK-UNLOCK 操纵进行两次，则识别码注册失败，再次执行注册程序（程序 B）。

（4）如果多个发射器需要注册，在前一个注册后的 45 s 内重复程序 A 和 B。

提示：一次可注册 6 个识别码，只要符合下列条件，则注册模式结束。

① 识别码注册后经过 40 s。

② 所有车门打开。

③ 钥匙插入点火锁芯。

④ 已注册 6 个识别码。

三、学习小结

（1）车门遥控控制系统主要由车门控制发射器、车门接收器、门锁位置开关、认证 ECU 组成和作用。

（2）车门遥控控制系统功能控制。

四、任务分析

本情境中，遥控器控制不了门锁，可能是遥控器的原因（如电池亏电、遥控器需要设定、遥控器损坏）和车辆原因（如遥控接收和控制系统故障、门锁故障等）。

五、自我评估

1. 填空题

（1）遥控门锁控制系统的作用是从_____锁止和解锁所有车门。

（2）当所有车门锁止时，按下_____开关会使车内照明灯亮起。

（3）如果车门通过遥控门锁控制后，在_____秒内没有打开任何车门，则所有车门将再次自动锁止。

2. 判断题

（1）遥控器不能遥控打开行李箱门门锁。（　　　）

（2）用遥控器锁门危险警告灯闪烁两次。（　　　）

（3）用遥控器关门危险警告灯闪烁一次。（　　　）

（4）车门的门锁位置信号发送至车身 ECU。（　　　）

工作任务三 防启动钥匙系统检修

任务情境

一、任务描述

一辆卡罗拉进厂报修，点火钥匙启动发动机时，发动机运转约 2 s 钟后熄火，防盗指示灯闪烁。你的主管将这个检修任务分配给你，你能完成吗？

二、任务提示

使用非法或失效的点火钥匙启动发动机会触发防启动系统，发动机不能启动。

任务目标

一、知识目标

（1）能描述防启动钥匙系统的作用。
（2）能描述防启动钥匙系统的结构组成。
（3）能描述防启动钥匙系统的电路图。

二、能力目标

能进行防启动钥匙检查与匹配。

必备知识

一、基本知识

（一）防启动钥匙系统概述

1. 发动机防启动钥匙系统的作用

发动机防启动钥匙系统也称发动机停机系统，是为防止车辆被盗而设计的。本系统使用收发器钥匙 ECU 总成来存储经授权的点火钥匙的钥匙代码，如图 8-3-1 所示。如果试图使用未经授权的钥匙启动发动机，则 ECU 将向 ECM 发送信号以禁止供油和点火，从而有效地禁止发动机工作。

2. 防启动钥匙系统的结构组成和功能

以丰田汽车为例，防启动钥匙系统的结构组成和功能如下（参照图 8-3-1）：

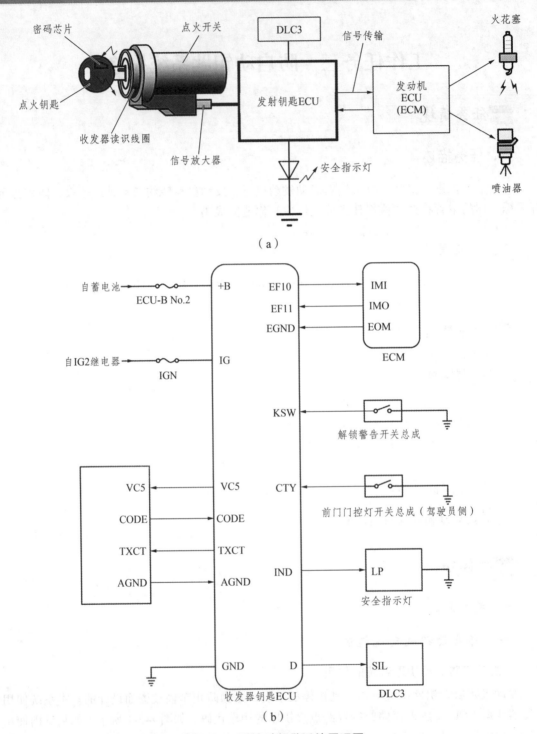

（a）

（b）

图 8-3-1　防启动钥匙系统原理图

（1）收发器钥匙线圈/放大器。

当有钥匙插在点火锁芯中时，钥匙线圈接收到一个钥匙代码，然后放大器放大 ID 代码并把它输出至收发器钥匙 ECU 总成。

（2）解锁警告开关总成。

检查是否有钥匙插入点火锁芯中，并将结果输出至收发器钥匙 ECU 总成。

（3）发动机 ECM。

发动机 ECM 从收发器钥匙 ECU 总成接收 ID 验证结果，ECM 也将验证 ECU。然后判断是否停止发动机（不控制喷油器动作）。

（4）安全指示灯。

根据收发器钥匙 ECU 总成的操作，车内安全指示灯亮起或开始闪烁。

3. 控制过程描述

当收发器钥匙 ECU 总成检测到钥匙解锁警告开关置于"ON"位置时，ECU 向发射器钥匙线圈提供电流并产生一个电波。钥匙柄中的发射应答芯片接收到电波。一旦接收到电波，发射应答芯片输出一个钥匙识别码信号。该信号通过收发器钥匙放大器放大，由发射器钥匙线圈接收，并被发送到 ECU。

ECU 将钥匙识别码与先前在 ECU 中注册的车辆识别码相匹配，并将结果发送至 ECM。

在识别码结果显示钥匙识别码与车辆识别码匹配，且 ECU 已确认二者匹配后进行如下操作：

（1）停机系统不停止发动机且发动机启动控制（燃油喷油控制和点火控制）进入准备模式。

（2）ECU 发送一个指示"指示灯熄灭"的安全指示灯信号熄灭安全指示灯。

（二）防启动钥匙系统控制电路

如图 8-3-2 所示是 2010 年的一款卡罗拉防启动钥匙系统控制电路图。

防启动钥匙系统的控制电路可结合中控门锁、遥控钥匙和防启动钥匙系统的控制过程一起分析。

各零件代码名称如表 8-3-1 所示。

表 8-3-1　各零件代码名称

零件代码	名称	零件代码	名称
E50	车身控制 ECU	L3	左前车门门控灯开关
H6	右前门锁位置开关	J3	右后门锁位置开关
K3	左后门锁位置开关	I5	左前门锁位置开关
I3	电动车窗升降器开关	M12	2 号车门控制接收器
E5	未锁止警告灯开关	O1	1 号车厢门控灯
E29	钥匙收发器放大器	M1	右前车门门控灯开关
M3	右后车门门控灯开关	L5	左后车门门控灯开关
FLASHER Relay	闪光继电器	L18	行李箱锁位置开关
T-LP Relay	小灯继电器	E38	钥匙电源开关
M14	3 号车门接收器	E75	防盗报警 ECU
H-LP Relay	近光继电器	E87	安全指示灯
A60	发动机盖锁位置开关	HORN Relay	喇叭继电器
A62	低音喇叭	A63	高音喇叭
A64	警报喇叭		

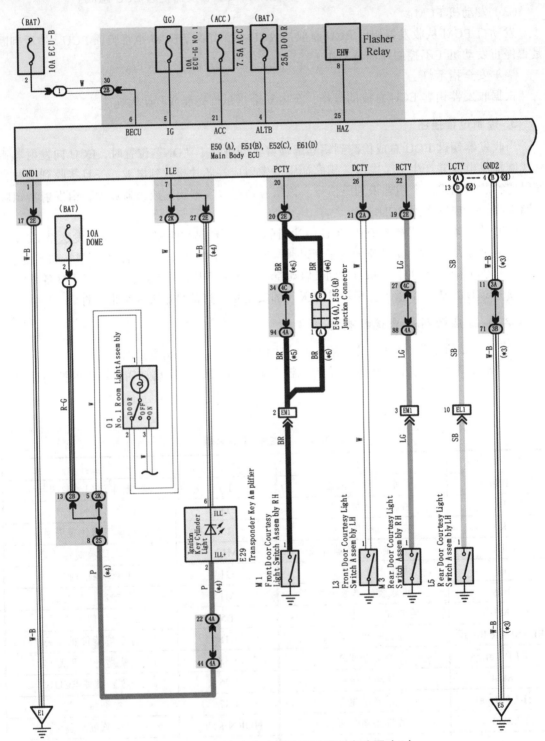

图 8-3-2　卡罗拉防启动钥匙系统控制电路图（1）

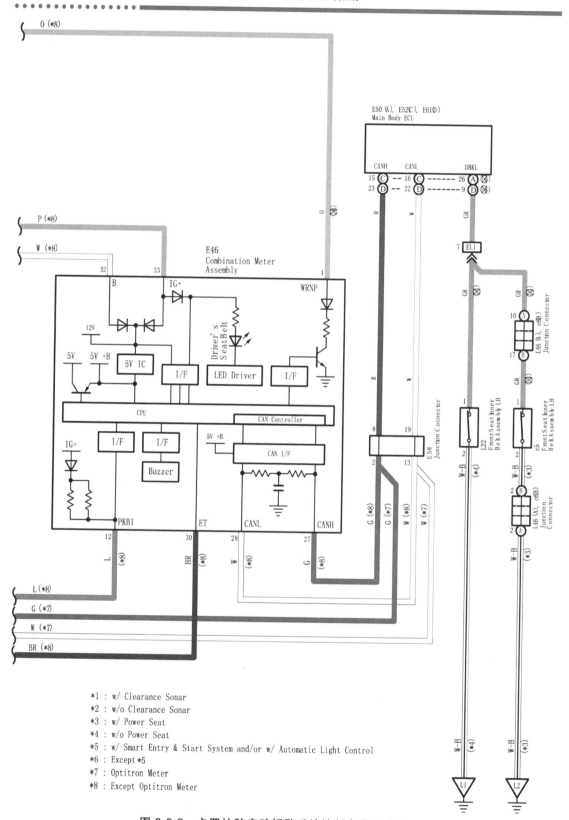

图 8-3-2 卡罗拉防启动钥匙系统控制电路图（2）

*1 : w/ Clearance Sonar
*2 : w/o Clearance Sonar
*3 : w/ Power Seat
*4 : w/o Power Seat
*5 : w/ Smart Entry & Start System and/or w/ Automatic Light Control
*6 : Except *5
*7 : Optitron Meter
*8 : Except Optitron Meter

防盗

*1 : w/ Automatic Light Control and/or w/ Smart Entry & Start System
*2 : Except*1
*3 : w/ Smart Entry & Start System
*4 : w/o Smart Entry & Start System

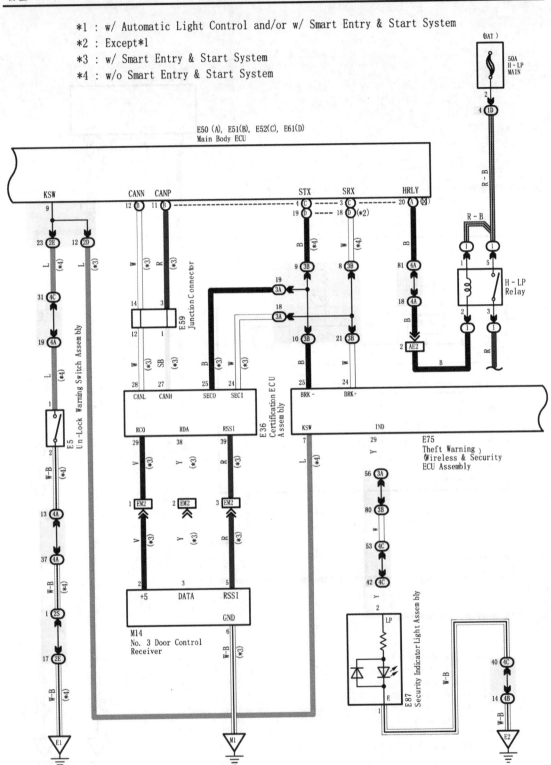

图 8-3-2　卡罗拉防启动钥匙系统控制电路图（3）

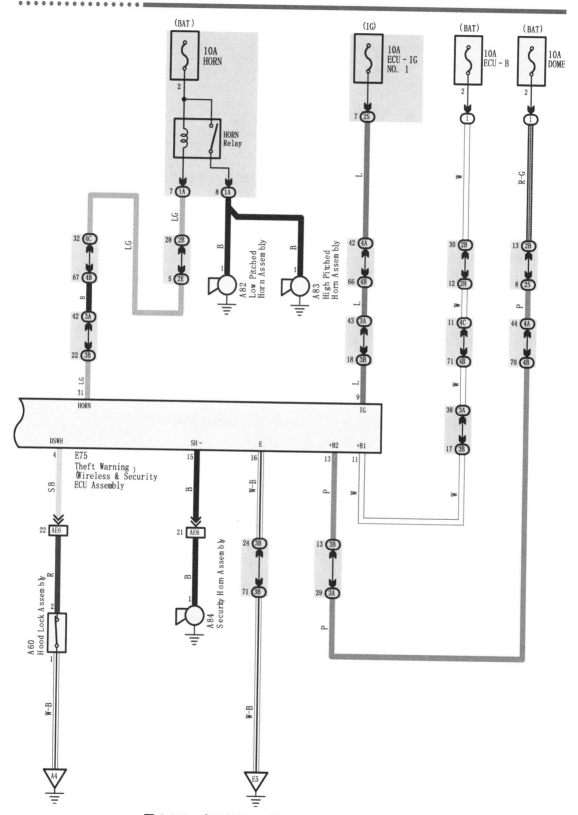

图 8-3-2 卡罗拉防启动钥匙系统控制电路图（4）

二、基本技能

防启动钥匙匹配（注册）

1. 准备工作

（1）防护装备：工作服；工作帽；手套；劳保鞋。

（2）车辆、台架、总成：卡罗拉整车。

（3）手工工具：拆装工具一套。

（4）辅助材料：翼子板布和前格栅布、三件套、抹布、手套、白板笔等。

丰田车系防盗钥匙有两款：黑色为主钥匙，通常只有一把；灰色为副钥匙，可以有多把。

2. 实施步骤

主钥匙增加复制程序如下：

（1）插入主钥匙到点火开关，并在 15 s 内踩、放加速踏板 5 次。

（2）踩、放制动踏板 6 次。

（3）拔下主钥匙，并在 10 s 内插入另外一把要复制同步设定的主钥匙。

（4）踩、放加速踏板一次，SECURITY 指示灯应闪烁。

（5）等待大约 1 min，SECURITY 指示灯应熄灭，则表示完成同步设定。

（6）若想再复制另一把钥匙，则在 10 s 内重复步骤（3）～（5）。

副钥匙复制程序如下：

（1）插入主钥匙（以同时设定），并在 15 s 内踩、放加速踏板 4 次。

（2）踩、放制动踏板 5 次，拔下主钥匙。

（3）在拔下主钥匙 10 s 之内，插入欲复制的副钥匙到点火开关。

（4）在插入欲复制副钥匙到点火开关的 10 s 内，踩、放加速踏板一次，SECURITY 指示灯应闪烁。

（5）等待 1 min 左右，SECURITY 灯应熄灭，此时完成复制副钥匙的设定程序。

（6）若要再复制另一把钥匙，则在 10 s 内，重复步骤（1）～（5）。

三、拓展知识

大众汽车防盗系统

大众汽车的防启动钥匙系统，通常称为大众防盗系统，以下介绍大众防盗系统的知识。

大众汽车防盗器采用的是西门子公司提供的防盗器（Immobilizer）系统。Immobilizer 系统属于控制发动机启动授权的电子防盗器。到目前为止，已经历了 5 个发展阶段：第一代的固定码传输防盗器（Immobilizer Ⅰ）、第二代的可变码传输防盗器（Immobilizer Ⅱ）、第三代的两级可变码传输防盗器（Immobilizer Ⅲ）、第四代的网络式防盗器（Immobilizer Ⅳ）以及刚面世的第五代网络式防盗器（Immobilizer Ⅴ）。

1. 第一代防盗器

第一代汽车防盗器的构成，如图 8-3-3 所示。这种防盗器的主要元件有防盗点火钥匙（内部带有脉冲转发器、辨认线圈）、防盗器控制单元、发动机控制单元。

第一代汽车防盗器的工作原理：每个防盗器中的防盗点火钥匙除了拥有一般车钥匙的功能外，还有一个识别码，当钥匙插入点火开关时，钥匙中的脉冲发生器便会产生特有的脉冲信号，信号被辨认线圈感应后，产生该钥匙的识别码并传输到防盗控制单元，若输入的识别码在防盗控制单元中有登记，防盗控制单元便向发动机控制单元解锁，此时扭动钥匙，发动机可以启动；若输入的识别码没有在防盗控制单元中登记，防盗控制单元便向发动机控制单元发出不能启动的命令，此时扭动钥匙，发动机不能启动。

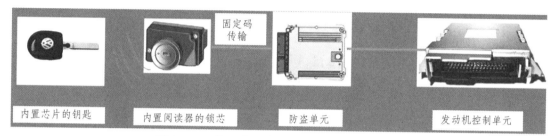

| 内置芯片的钥匙 | 内置阅读器的锁芯 | 防盗单元 | 发动机控制单元 |

图 8-3-3　第一代防盗器采用固定码进行识别

2. 第二代汽车防盗器

第二代汽车防盗器的构成如图 8-3-4 所示。这种防盗器的防盗控制单元随机产生一个变码，这个码是钥匙和防盗控制单元用于计算的基础。在钥匙和防盗控制单元内，有一套公式列表（密码术公式列表）和一个相同且不可改写的 SKC（隐秘的钥匙代码），经钥匙和防盗控制单元分别计算后，钥匙将计算结果发送给防盗控制单元，防盗控制单元将收到的结果与自己的计算结果进行比较，如果相同，则钥匙确认完成，该钥匙合法，允许发动机启动，否则发动机将不能启动。

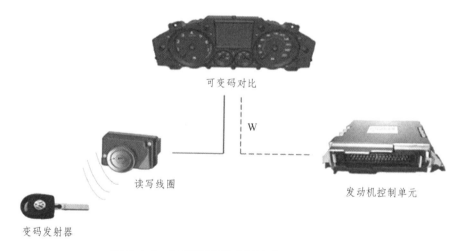

可变码对比

W

读写线圈

发动机控制单元

变码发射器

图 8-3-4　二代防盗器采用可变码进行识别

只有使用经过汽车上的防盗控制单元匹配认可的钥匙，发动机才能启动。匹配钥匙时，需要把全部钥匙同时与防盗控制单元匹配。如果需要重新配钥匙或者增配钥匙，也必须匹配全部钥匙。如果用户遗失了一把合法的钥匙，为了安全起见，必须把其他所有合法钥匙重新进行一次匹配，这样就可以使丢失的钥匙变为非法钥匙，不能再用来启动发动机。

3. 第三代汽车防盗器

大众车系的奥迪、帕萨特、宝来、高尔夫、波罗等车型，自 2001 年以后的大部分车辆已装备第三代防盗器，防盗器通过打开/锁止发动机控制单元（通过 W 线或 CAN 总线），可以有效防止汽车在未被授权的情况下靠自身的动力开走。同前一代防盗器比较，其具有更高的安全性。在第三代防盗器中，防盗器控制单元与组合仪表是集成在一起的，钥匙上压有 W 标记。

如图 8-3-5 所示，第三代汽车防盗器的主要元件有点火开关上的读写线圈（天线）、点火钥匙（变码发射器）、组合仪表（内部包含防盗器控制单元）、发动机控制单元、仪表板上的故障警报灯。

图 8-3-5　第三代防盗器采用固定码与可变码双重识别

第三代防盗器与第二代防盗器相比，有如下特点：

（1）发动机控制单元是防盗系统的一部分，其不接受没有 PIN 的自适应。在第二代防盗系统中，当发动机控制单元锁死后，可通过自适应值清除，即可解除锁止，启动发动机。但在第三代防盗系统中，必须通过密码 PIN 登录发动机控制单元后才能解除锁止，可见其安全性得到了提高。

（2）钥匙自适应后被锁止，不能再用于其他车辆。钥匙适配后，通过防盗器在钥匙芯片中写入密码计算公式，钥匙将不能再与其他车辆进行匹配。

（3）在发动机的防盗器控制单元之间的数据采用 CAN 总线进行传递。在第二代防盗系统中，其间数据的传递采用 W 线。

（4）钥匙上压有 W 标记，表明该系统是第三代防盗系统（在 AUDI 车辆上没有没有此标记）。

（5）在防盗控制单元和发动机控制单元中，都有防盗器 14 位串号和 17 位车辆底盘编号（车辆识别号）。在二代防盗系统中，发动机控制单元中没有该串号和车辆底盘编码。所以可通过读取发动机控制单元中是否具有这两个号码而界定该车防盗系统是否为第三代防盗系统。

4．第四代汽车防盗器

从 2008 年起，大众汽车高端车型开始逐步的装配第四代防盗器。第四代防盗器不是一个单独的控制单元，而是一项功能（防盗控制单元是舒适系统中的一个集成部分），包括：

（1）位于德国大众集团总部的 FAZIT（车辆信息和核心识别工具）中央数据库；

（2）无钥匙进入/启动控制单元（集成了防盗器控制单元）；

（3）发动机控制单元；

（4）转向柱锁控制单元；

（5）遥控钥匙。

如图 8-3-6 所示，位于德国大众总部的中央数据库是第四代防盗器的核心部分，必须通过大众专用的测试仪 VAS5051 及后代产品，通过网络进入 FAZIT 获得车辆的防盗数据，否则无法完成防盗器的匹配。第四代防盗器相比与第三代防盗器，有如下改进：

（1）第四代防盗器与发动机控制模块之间的数据通过动力 CAN 总线进行传输，数据传输的安全性得到提高。

（2）大众不同品牌之间的防盗器数据传输协议并不相同。防盗器部件在大众不同品牌的某些车型之间可以互用，但一旦完成匹配，就不能在其他品牌的防盗器系统内使用。

（3）由于每一辆车的防盗数据是储存在大众总部的 FAZIT 中央数据库，而不是存储在车辆上的防盗控制单元内；并且进入 FAZIT 数据库只能通过大众专用的测试仪，所有钥匙供应/更换过程中的安全性得到提高。

（4）防盗器内的控制单元自动对准，无需手动输入安全 PIN。

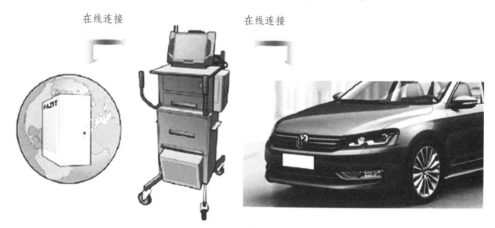

图 8-3-6　防盗数据存放在 FAZIT 的第四代防盗器

四、学习小结

（1）防启动系统是为了防止非法人员进入车内盗走车辆的财物或车辆而增设的系统。防启动系统不是一个独立系统，它与中控锁、遥控钥匙、报警装置、启动系统等融为一体，充分发挥警报、防启动发动机等作用。

（2）防启动系统的主要部件功能。

（3）防启动系统的控制过程。

五、任务分析

本情境的故障现象是典型的防启动钥匙系统触发的现象,应采用合法的钥匙启动发动机。如果原合法钥匙失效,必须利用汽车常见规定的设备或操作程序解除防盗系统。

六、自我评估

1. 填空题

(1)防启动钥匙系统主要由信号_____、_____和_____组成。

(2)当有钥匙插在点火锁芯中时,钥匙线圈接收到一个_____,然后放大器放大 ID 代码并把它输出至收发器钥匙 ECU 总成。

2. 判断题

(1)当有人非法进入车内时,汽车喇叭会响。(   )

(2)发动机锁开关只是为发动机模块提供信号。(   )

3. 选择题

下列(   )不是防启动钥匙系统的执行装置。

A. 转向信号灯   B. 危险报警灯

C. 车门锁电机   D. 点火开关

学习项目九　电动门窗系统检修

本学习项目主要学习电动门窗系统检修。分为两个工作任务：任务一——电动车窗检修；任务二——电动天窗检修。学生通过两个工作任务的学习，能进行电动门窗系统的操作与检修。

工作任务一　电动车窗检修

■ 任务情境

一、任务描述

一辆丰田卡罗拉轿车，驾驶员抱怨电动车窗有时不能升降，你的主管把这个检修任务交给你，你能完成吗？

二、任务提示

根据故障现象，有电动车窗开关、电机、升降器的电路都有可能造成故障，必须先进行电动车窗结构和原理学习，才能进行检修。

■ 任务目标

一、知识目标

（1）能描述电动车窗的作用及组成。
（2）能描述玻璃升降器的检测方法。

二、能力目标

（1）能对电动车窗升降器进行检查。
（2）能进行玻璃升降器的拆装。

一、基本知识

（一）电动车窗的作用及组成

电动车窗是汽车的重要组成部分，安装在车门上，驾驶员或乘客在座位上操纵控制开关，利用电动机驱动玻璃升降器实现车窗玻璃的升降。电动车窗主要由玻璃升降器、直流电动机、主分控制开关、车窗玻璃等组成，如图 9-1-1 所示。常见的玻璃升降器有齿扇式和绳轮式两种，如图 9-1-2 所示。

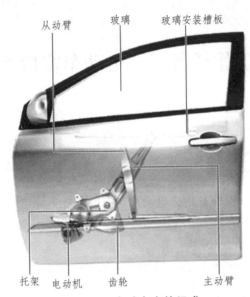

从动臂　　玻璃　　玻璃安装槽板

托架　电动机　齿轮　　　　　主动臂

图 9-1-1　电动车窗的组成

（a）齿扇式升降器　　　　　　　　（b）绳轮式升降器

图 9-1-2　玻璃升降器的类型

（二）电动车窗的工作原理

汽车的每个车窗都装有一个电动机，通过直流开关控制电流的方向，电动车窗中的电动机带动齿轮转动，通过升降机使车窗实现上升和下降。如图 9-1-3 所示，所有车窗都装有两套控制开关：一套装在驾驶座车门上，为总开关，由驾驶员控制所有车窗的升降和控制乘客车窗禁用；另一套分别装在每个车门上，由乘客进行控制。每个车窗都通过总开关搭铁，所以电流不仅通过每个车窗上的分开关，还通过总开关上的相应开关。

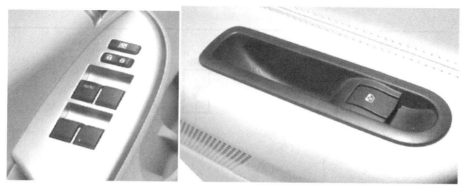

图 9-1-3 电动车窗控制开关

（三）电动车窗的其他功能

1. 一键式升降

一些车辆配备了"一键式"车窗装置。通过按住车窗开关持续 0.3 s 以上，然后松开，即可完全打开车窗。在任何时候按下该开关，车窗都可以停止移动。一键式车窗选装件依赖于电子模块和继电器。发出指令时，控制模块将会激活继电器，从而为电动机形成完整的电路。车窗完全降低时，该模块将会打开继电器，从而停止电动机。此外，在按下"DOWN"开关后，电动机还将停止 10 ~ 30 s。

一键式车窗电路是车身控制的一部分，如果电池断开、保险丝熔断或更换部件，则将暂时禁用。如果出现此情况，则需要重新按照厂家规定的程序初始化系统。

2. 防夹功能

如果中途有任何阻碍，如手指，则该装置将阻止车窗关闭。在一些系统上，如果车窗关闭过程中遇到任何物体，则车窗将会反向操作并打开。其他系统不需要与障碍物发生直接接触。相反，它们依赖于红外传感器（见图 9-1-4）或监测电机电压的变化。光束被障碍物阻断时，车窗将会反向操作并下降。

图 9-1-4 智能车窗系统的红外传感器

（四）电动车窗电路图

以卡罗拉轿车为例，电动车窗电路图如图 9-1-5 所示。

电动车窗

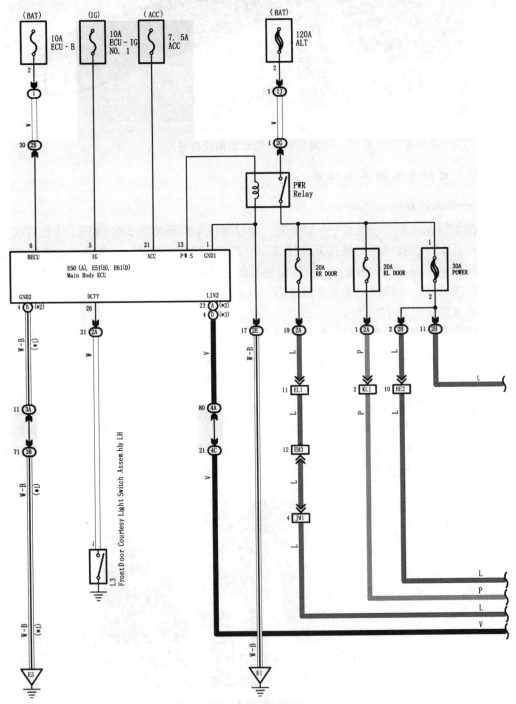

图 9-1-5　电动车窗电路图（1）

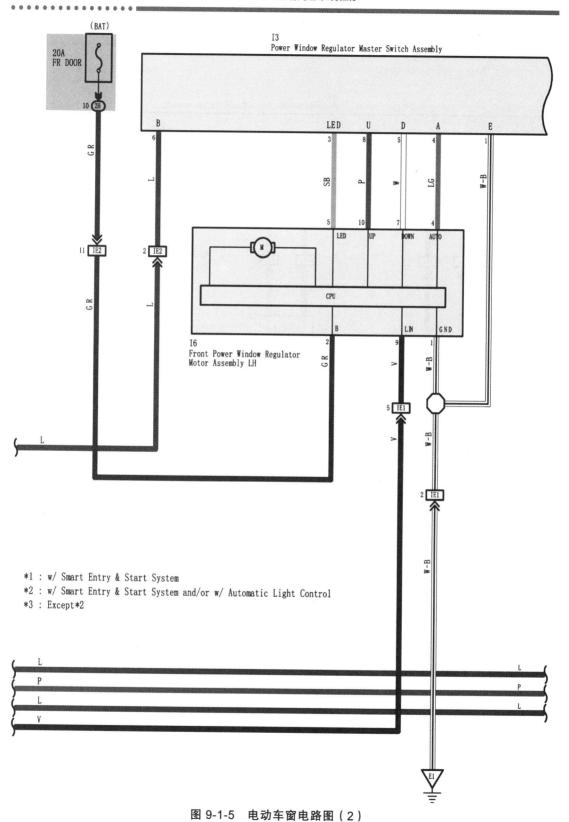

图 9-1-5　电动车窗电路图（2）

*1 : w/ Smart Entry & Start System
*2 : w/ Smart Entry & Start System and/or w/ Automatic Light Control
*3 : Except *2

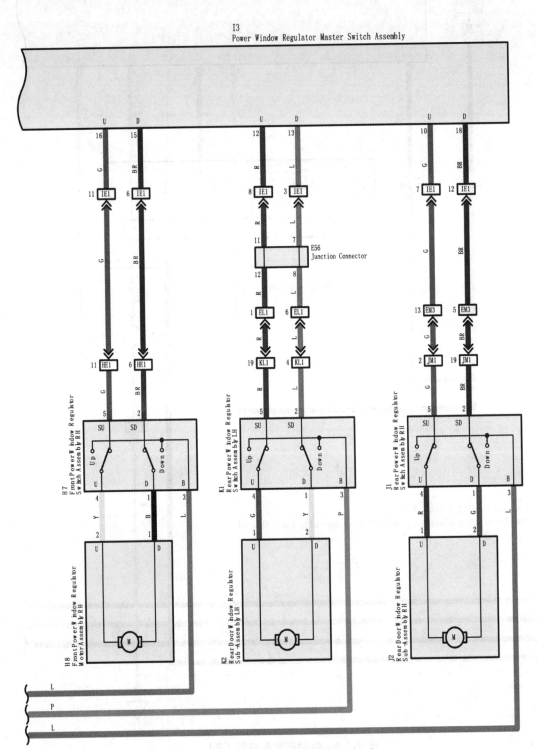

图 9-1-5　电动车窗电路图（3）

二、基本技能

（一）电动车窗的功能检查

1. 准备工作

（1）防护装备：工作服；工作帽；手套；劳保鞋。

（2）车辆、台架、总成：卡罗拉整车或其他车型。

（3）辅助材料：翼子板布和前格栅布、三件套、抹布、手套、白板笔等。

2. 实施步骤

（1）检查车窗锁止开关。

① 如图 9-1-6 所示，检查并确认按下电动车窗主开关的车窗锁止开关时，前后乘客车窗的操作被禁用。

② 检查并确认再次按下车窗锁止开关时，前后乘客车窗可以操作。

（2）检查手动上升/下降功能。

① 如图 9-1-7 所示，点火开关至于"ON"位置，驾驶员侧车窗开关部分拉起，检查并确认各个车窗都能上升。

② 点火开关至于"ON"位置，驾驶员侧车窗开关部分按下，检查并确认各个车窗都能下降。

③ 点火开关至于"ON"位置和车窗锁止功能关闭，各乘客侧车窗开关拉起，检查并确认各个车窗都能上升。

④ 点火开关至于"ON"位置和车窗锁止功能关闭，各乘客侧车窗开关按下，检查并确认各个车窗都能下降。

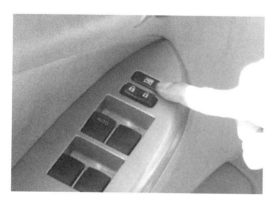
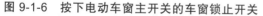

图 9-1-6　按下电动车窗主开关的车窗锁止开关

图 9-1-7　检查前乘客车窗上升

（3）检查自动升降功能。

① 如图 9-1-8 所示，点火开关至于"ON"位置，驾驶员侧车窗开关拉起 1 s 左右，检查并确认驾驶员侧车窗能上升。

② 点火开关至于"ON"位置，驾驶员侧车窗开关部分按下 1 s 左右，检查并确认驾驶员车窗能下降。

（4）检查防夹功能。

① 如图 9-1-9 所示，点火开关至于"ON"位置时，完全打开车窗玻璃，在车窗完全关

闭位置附近放置 4 ~ 10 mm 厚的检查夹具。

② 操作驾驶员侧车窗关闭功能，检查并确认车门玻璃在接触检查夹具后降下，车门玻璃下降至距离检查夹具 200 ~ 240 mm 处。

③ 车窗玻璃下降时，验证不能用电动车窗主开关时玻璃升起。

图 9-1-8　检查驾驶员车窗自动上升

图 9-1-9　检查驾驶员车窗防夹功能

（5）防夹功能的设定。

① 将钥匙插入点火开关，打开点火开关至"ON"挡，如图 9-1-10 所示。

图 9-1-10　打开点火开关至"ON"挡

图 9-1-11　按下车窗玻璃升降开关

② 按下车窗玻璃升降开关，车窗降低底后保持 2 ~ 3 s，听到一声"通"冲击声后，松开车窗玻璃升降开关，如图 9-1-11 所示。

③ 向上提车窗玻璃升降开关，车窗升到顶后保持 2 ~ 3 s，听到一声"通"冲击声后，松开车窗玻璃升降开关，车窗防夹功能设定完成（按一定的顺序设定各个车窗的防夹功能，各个车窗都需要进行如上所述步骤设定），如图 9-1-12 所示。

（二）电动车窗玻璃升降器检修

1. 准备工作

（1）防护装备：工作服；工作帽；手套；劳保鞋。

图 9-1-12　向上提车窗玻璃升降开关

（2）车辆、台架、总成：卡罗拉整车或其他车型。

（3）手工工具：拆装工具一套。

（4）辅助材料：翼子板布和前格栅布、三件套、抹布、手套、白板笔等。

2. 拆卸步骤

（1）拆卸前扶手座上面板。

① 如图 9-1-13 所示，用头部缠有保护胶带的螺丝刀或内饰拆装工具，分离 2 个卡子和 6 个卡爪，并拆下前扶手座上面板。

② 如图 9-1-14 所示，断开连接器。

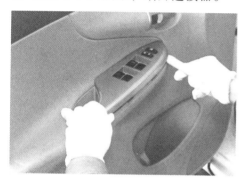

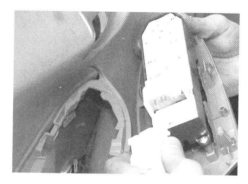

图 9-1-13　拆卸前扶手座上面板　　　　　图 9-1-14　断开连接器

（2）拆卸前门内把手框。

如图 9-1-15 所示，用头部缠有保护胶带的螺丝刀，分离 3 个卡爪并拆下前门内把手框。

（3）拆卸前门下门框支架装饰条。

如图 9-1-16 所示，拆卸前门下门框支架装饰条。

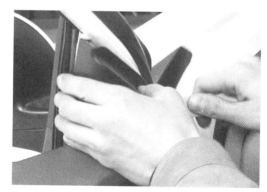

图 9-1-15　拆卸前门内把手框　　　　　图 9-1-16　拆卸前门下门框支架装饰条

（4）拆卸前门装饰板分总成。

① 如图 9-1-17 所示，用头部缠有保护胶带的螺丝刀，分离卡爪并断开车门扶手盖，拆下 2 个螺钉。

② 用卡子拆卸工具分离 10 个卡子和分离 5 个卡爪，从前门窗玻璃内密封条上分开门装饰板分总成。

③ 如图 9-1-18 所示，分离 2 个卡爪，并断开前门内把手分总成。

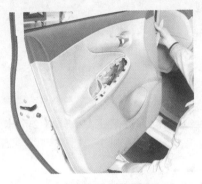

图 9-1-17 拆卸前门装饰板分总成   图 9-1-18 拆卸前门内把手分总成

（5）拆卸车门装饰条支架。

如图 9-1-19 所示，拆下 2 个螺钉和车门装饰板支架。

（6）断开门锁线束连接器。

如图 9-1-20 所示，断开门锁线束连接器。

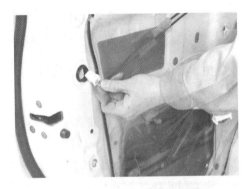

图 9-1-19 拆卸车门装饰条支架   图 9-1-20 断开线束连接器

（7）拆卸前门丁基胶带。

如图 9-1-21 所示，拆卸前门丁基胶带。

（8）拆卸前门玻璃内密封条。

如图 9-1-22 所示，从前门板上拆下前门玻璃内密封条。

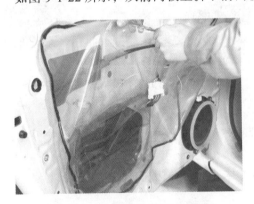
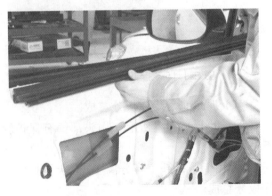

图 9-1-21 拆卸前门丁基胶带   图 9-1-22 拆卸前门玻璃内密封条

（9）拆卸前门玻璃分总成。

① 如图 9-1-23 所示，连接蓄电池负极端子，连接电动车窗升降器主开关总成，并移动前门玻璃分总成以便能看到车门玻璃螺栓（见图 9-1-24）。

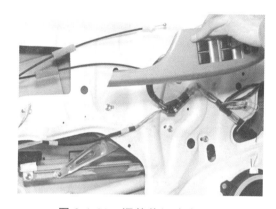

图 9-1-23　调整前门玻璃位置

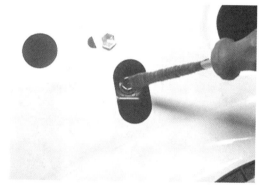

图 9-1-24　前门玻璃螺栓位置

② 如图 9-1-25 和图 9-1-26 所示，断开蓄电池负极端子和电动车窗升降器主开关总成连接器，拆下 2 个螺栓。

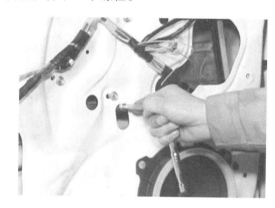

图 9-1-25　拆卸前门车窗玻璃固定螺栓

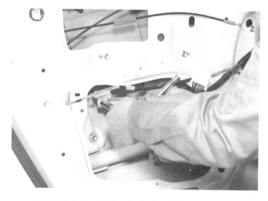

图 9-1-26　拆卸车窗升降器固定螺栓

③ 如图 9-1-7 所示，拆下前门玻璃分总成。

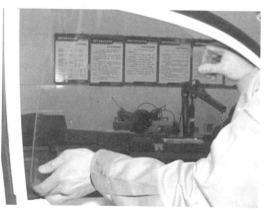

图 9-1-27　拆下前门玻璃分总成

（10）拆卸前门窗升降器分总成。

① 如图 9-1-28 所示，断开连接器，松开临时螺栓，拆下 5 个螺栓。

② 如图 9-1-29 所示，将前门窗升降器分总成和前电动车窗升降器电动机总成作为一个单元拆下，从前门窗升降器分总成上拆下临时螺栓。

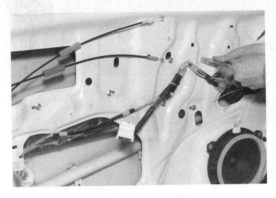

图 9-1-28　拆下螺栓

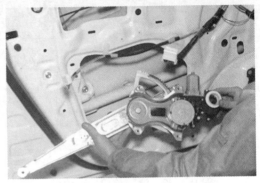

图 9-1-29　拆下前门升降器分总成

3. 检查步骤

（1）手动操作上升检查升降器。

① 如图 9-1-30 所示，蓄电池正极连接至端子 2 号，蓄电池负极连接至端子 1 号和 7 号。

② 电动机齿轮应顺时针旋转。

（2）手动操作下降检查升降器.

① 如图 9-1-31 所示，蓄电池正极连接至端子 2 号，蓄电池负极连接至端子 1 号和 10 号。

② 电动机齿轮应逆时针旋转。

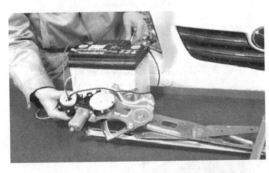

图 9-1-30　手动操作上升检查升降器

图 9-1-31　手动操作下降检查升降器

（3）自动操作上升检查升降器。

① 如图 9-1-32 所示，蓄电池正极连接至端子 2 号，蓄电池负极连接至端子 1 号、4 号和 7 号。

② 电动机齿轮应顺时针旋转。

（4）自动操作下降检查升降器

① 如图 9-1-33 所示，蓄电池正极连接至端子 2 号，蓄电池负极连接至端子 1 号、4 号和 10 号。

② 电动机齿轮应逆时针旋转。

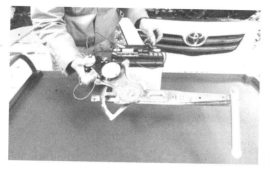

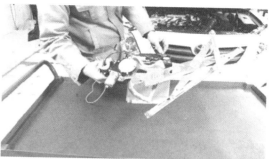

图 9-1-32 自动操作上升检查升降器　　　图 9-1-33 自动操作下降检查升降器

4. 安装步骤

（1）安装前门窗升降器总成。

① 如图 9-1-34 所示，在前门窗升降器分总成的滑动部分涂抹通用润滑脂。

② 将临时螺栓安装至前门窗升降器分总成。

③ 紧固前门窗升降器总成螺栓，力矩为 8 N·m，连接连接器。

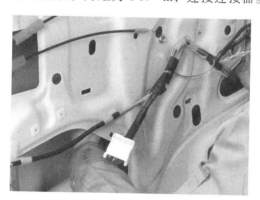

图 9-1-34 安装升降器总成

（2）安装前门玻璃分总成。

① 如图 9-1-35 所示，沿着前门玻璃升降槽将前门玻璃分总成插入前门板内。

② 如图 9-1-36 所示，用 2 个螺栓固定前门玻璃分总成，力矩为 8 N·m。

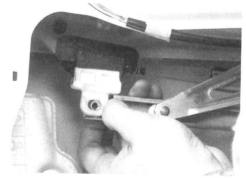

图 9-1-35 安装车窗玻璃至前门板内　　　图 9-1-36 固定玻璃分总成

（3）安装前门检修孔。

① 如图 9-1-37 所示，将丁基胶带粘贴至前门板。

② 将前门锁止遥控拉索和后门内侧锁止拉索穿过一个新的前门检修孔盖。

③ 用前门板上的参考点连接前门检修孔盖，连接连接器。

（4）安装车门装饰板支架。

如图 9-1-38 所示，用 2 个螺钉安装车门装饰板支架。

图 9-1-37　将丁基胶带粘贴至前门板

图 9-1-38　安装车门装饰板支架

（5）安装前门下门框支架装饰条。

① 如图 9-1-39 和图 9-1-40 所示，安装前门玻璃内密封条。

② 连接连接器，接合卡子和卡爪，并安装前门下门框支架装饰条。

图 9-1-39　安装前门玻璃内密封条

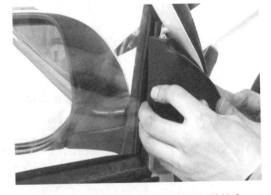

图 9-1-40　安装前门下门框支架装饰条

（6）安装前门内把手分总成。

① 如图 9-1-41 所示，将前门锁止遥控拉索和前门内侧锁止拉索连接至前门内把手分总成。

② 接合 2 个卡爪，并安装前门内把手分总成。

（7）安装前门装饰板分总成。

① 如图 9-1-42 所示，用前门玻璃内密封条上的 5 个卡爪接合前门装饰板。

② 接合 10 个卡子，将前门装饰板安装至前门板，安装 2 个螺钉。

③ 接合卡爪，连接车门扶手盖。

图 9-1-41　安装前门内把手分总成

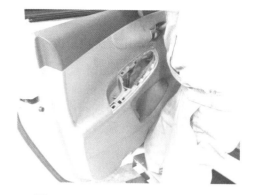

图 9-1-42　安装前门装饰板分总成

（8）安装前扶手座上面板。

如图 9-1-43 所示，连接连接器，接合 2 个卡子和 6 个卡爪，安装前扶手座上面板。

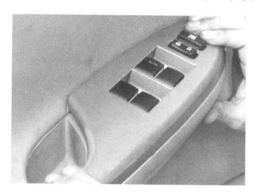

图 9-1-43　安装前扶手座上面板

（9）安装前门内把手框。

如图 9-1-44 所示，接合 3 个卡爪，安装前门内把手框。

（10）驾驶员侧车窗初始化。

① 连接器蓄电池负极端子，将点火开关置于"ON"挡，电动车窗主开关指示灯闪烁。

② 如图 9-1-45 所示，通过操作电动车窗主开关关闭车门玻璃，车门玻璃停止后，将电动车窗主开关保持在"AUTO"上升位置至少 1 s，检查并确认电动车窗主开关指示灯一直亮。

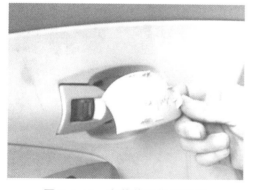

图 9-1-44　安装前门内把手框

图 9-1-45　电动车窗主开关保持在 AUTO 上升位置

三、学习小结

（1）电动车窗的作用及组成。
（2）电动车窗的工作原理。
（3）电动车窗的功能检查。
（4）电动车窗升降器的拆装流程。
（5）卡罗拉电动窗升降器的检查流程。

四、任务分析

本情境中，电动车窗有时不能升降，开关、升降器电机及电路都有可能发生故障，检修时应按从简单到复杂的顺序进行排除。

五、自我评估

1. 填空题

（1）电动车窗的升降器主要有_____和_____两种类型。
（2）汽车的每个车窗都装有一个_____，使车窗实现上升和下降。

2. 判断题

（1）电动车窗开关位于驾驶员侧，能锁止所有车窗的操作功能。（　　　）
（2）每个电动车窗升降器拆装后需要进行初始化。（　　　）
（3）如果蓄电池断开、保险丝熔断或更换部件，一键式车窗可能失效。（　　　）

工作任务二　电动天窗检修

任务情境

一、任务描述

车间来了一辆卡罗拉，车主抱怨天窗无法自动打开和关闭，车间主管把检修任务交给你，你能完成任务吗?

二、任务提示

如果天窗无法进行自动打开和关闭，应先进行天窗初始化。

任务目标

一、知识目标

（1）能描述电动天窗的作用及组成。
（2）能描述卡罗拉天窗的功能检查流程。
（3）能描述卡罗拉天窗初始化的操作步骤。

二、能力目标

（1）能够对卡罗拉电动天窗的功能进行检查。
（2）能够对卡罗拉电动天窗的进行初始化。

必备知识

一、基本知识

（一）电动天窗系统的组成和功能

为了使浑浊的空气迅速地被排出车外，同时又能使新鲜的空气流入车内，提升汽车内部环境的舒适性，有些汽车顶部安装了电动天窗系统。电动天窗系统不仅可以辅助调节温度，而且可以使车厢内光线明亮，如图9-2-1所示。

图 9-2-1　电动天窗

（二）电动天窗系统的主要部件

电动天窗系统一般由玻璃窗及密封橡胶条、驱动机构、开关和天窗模块等组成，如图 9-2-2 所示。

图 9-2-2　电动天窗的组成

1．滑动机构

电动天窗滑动机构主要由导向块、导向销、连杆、托架和前后枕座等构成。

2．驱动机构

电动天窗驱动机构主要由电动机、传动机构和滑动螺杆等组成。

（1）电动机。

电动机通过传动装置为天窗的开启和关闭提供动力。电动机可以双向转动，即通过改变电流的方向来改变电动机的旋转方向，实现天窗的开启和关闭。

（2）传动机构。

传动机构主要由蜗轮蜗杆传动机构、中间齿轮传动机构（主动中间齿轮，过度中间齿轮）和驱动齿轮等组成。

（3）滑动机构。

滑动机构主要由导向块、导向销、连杆、托架和前、后枕座等构成。

3．开　关

电动天窗的开关由天窗开关和限位开关模块组成。

4．天窗模块

天窗模块是一个数字控制电路，并设有定时器，蜂鸣器和继电器等，其作用是接受开关输入的信息，通过数字电路进行逻辑运算，确定天窗电动机的动作，以控制天窗的开/闭状态。

（三）电动天窗系统的工作原理

当点火开关接通时，电动天窗系统工作。天窗开关信号送入天窗模块，天窗模块通过逻辐运算控制驱动电动天窗电动机，从而驱动天窗的开启和关闭。天窗电动机动作的同时，限位开关检测天窗位置状态，并将此信号反馈至天窗模块。如图 9-2-3 所示为卡罗拉电动天窗控制电路图。

滑动天窗

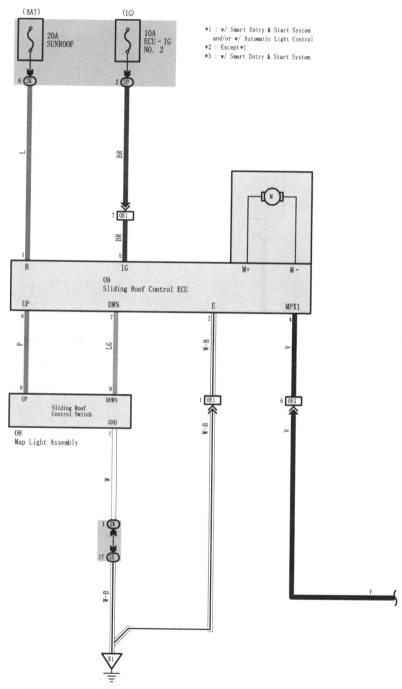

图 9-2-3　卡罗拉电动天窗的控制电路图（1）

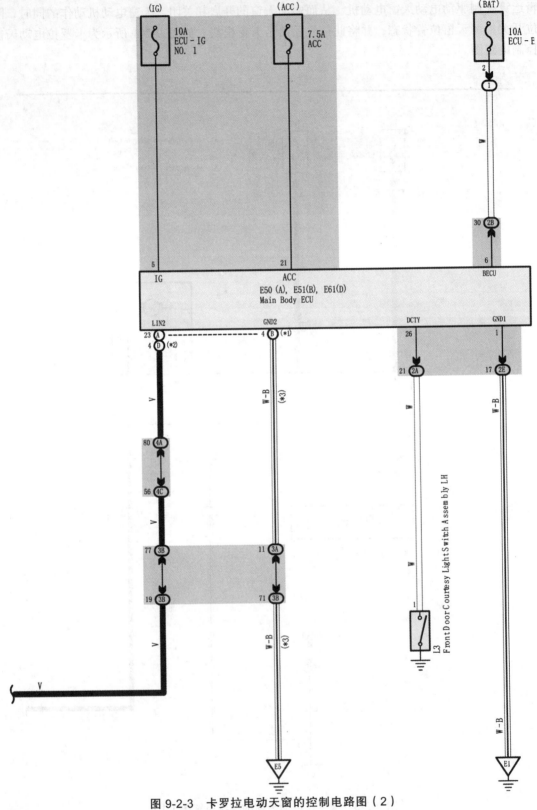

图 9-2-3　卡罗拉电动天窗的控制电路图（2）

各零部件代码名称如表 9-2-1 所示。

表 9-2-1　各零部件代码名称

零部件代码	名　　称	零部件代码	名　　称
E50	车身控制模块	L3	左前门控灯开关
O8	天窗开关	O9	天窗 ECU

二、基本技能

卡罗拉电动天窗的检修

1. 准备工作

（1）防护装备：工作服；工作帽；手套；劳保鞋。

（2）车辆、台架、总成：卡罗拉整车或其他车型。

（3）手工工具：拆装工具一套。

（4）辅助材料：翼子板布和前格栅布、三件套、抹布、手套、白板笔等。

2. 电动天窗功能检查

（1）天窗控制开关一般安装在前排座椅的车顶中央部位，有些天窗控制开关和车内阅读灯开关放在一块，方便操作，如图 9-2-4 所示。

（2）用手指勾住天窗挡板，打开天窗挡板，如图 9-2-5 所示。

图 9-2-4　天窗开关

图 9-2-5　打开天窗挡板

（3）按下天窗上下调节开关，手指按在"UP"位置上，如图 9-26 所示。

（4）按下天窗上下调节开关，打开天窗，进行天窗后部的调节，使其打开或关闭，如图 9-2-7 所示。

（5）按下天窗上下调节开关，使其关闭，如图 9-2-8 所示。

（6）天窗后部关闭，回到初始位置，如图 9-2-9 所示。

图 9-2-6　按下天窗上下调节开关

图 9-2-7　天窗后部升起

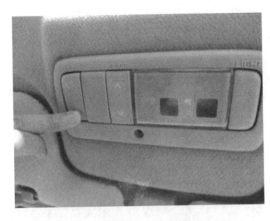

图 9-2-8　按下天窗上下调节开关

图 9-2-9　天窗后部关闭

（7）按下天窗前后调节开关，向后运动开关，如图 9-2-10 所示。

（8）天窗向后移动打开，如图 9-2-11 所示。

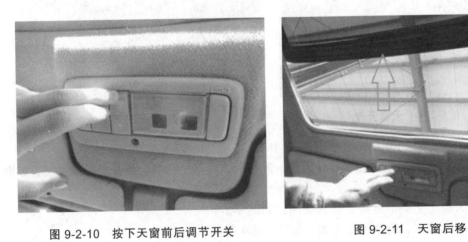

图 9-2-10　按下天窗前后调节开关

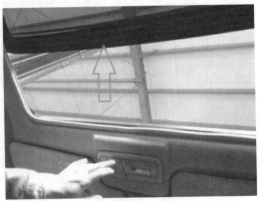

图 9-2-11　天窗后移

（9）按下天窗前后调节开关，向前移动开关，如图 9-2-12 所示。

（10）天窗向前移动关闭，如图 9-2-13 所示。

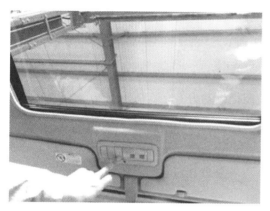

图 9-2-12　按下天窗前后调节开关

图 9-2-13　天窗前移

3. 防夹功能检查

（1）在滑动天窗自动操纵工作时，如果有物体卡在车身和玻璃之间，则检查并确认天窗玻璃会从该物体接触之外起打开 218 mm 的距离，如果打开距离不能达到 218 mm，则完全打开。

（2）在"TILT UP/DOWN"功能正在操作且有物体卡在车身和天窗玻璃之间时，检查并确认滑动天窗完全上倾。

4. 电动天窗初始化

（1）将点火开关置于"ON"位置。

（2）确保滑动天窗完全关闭。

（3）按住"CLOSE/UP"开关直至完成下列操作过程：上倾→约 1 s→下倾→滑动打开→滑动关闭。

（4）检查并确认滑动天窗停在完全关闭位置。

（5）完成初始化，检查并确认自动操纵功能运行正常。

三、学习小结

（1）电动天窗的作用及组成。

（2）卡罗拉电动天窗的控制电路。

（3）卡罗拉电动天窗的就车检查和初始化。

四、任务分析

本情境中，电动天窗功能失效，首先对外观检查是否为机械原因，然后检查开关和线路，判断是线路故障还是初始化设定问题。

五、自我评估

1. 填空题

（1）电动天窗系统一般由玻璃窗及密封橡胶条、_____、_____和_____等组成。

（2）电动天窗的开关由_____和_____组成。

2. 判断题

（1）电动机通过传动装置为天窗的开启和关闭提供动力。（　　　）

（2）电动天窗关闭后自动打开，一定是电机坏了。（　　　）

学习项目十 车载网络系统检修

本学习项目学习车载网络系统检修知识，有一个工作任务：车载网络系统认知。学生通过本工作任务的学习，掌握车载网络系统的结构组成和检修基础知识。

工作任务 车载网络系统认知

■任务情境

一、任务描述

一辆 2010 年款的卡罗拉，发动机故障灯亮。采用诊断仪器读取故障码，发现仪器不能与发动机控制模块通信，你知道问题出在哪里吗？

二、任务提示

根据故障现象，如果排除仪器本身损坏，应该是发动机控制模块或 CAN 通信故障。

■任务目标

一、知识目标

（1）能描述汽车 CAN BUS 系统的作用、组成、结构特点和工作原理。
（2）能描述卡罗拉 CAN BUS 系统图。
（3）能描述车载网络系统故障特点和检修方法。
（4）能描述卡罗拉诊断座终端电阻测量的步骤。

二、能力目标

能进行卡罗拉诊断，对终端电阻进行测量。

■必备知识

一、基本知识

（一）汽车 CAN BUS 总线系统概述

随着汽车技术的不断发展，人们对汽车各方面的性能要求越来越高。人们在追求车辆动力性和操控性能的同时，对舒适性和安全性能也提出了更高的要求。20 世纪 90 年代以来，随着集成电路在汽车上的广泛应用，汽车上的电子控制系统越来越多，例如，电子燃油喷射装置、防抱死制动装置（ABS）、安全气囊装置、电动门窗装置、主动悬架等。各种电子控制系统的导入和应用使汽车的各项功能更加完善，控制更加精确和灵活，智能化程度也不断提升。然而，功能的日益增加和完善使车载电子控制模块的数量以惊人的速度增加。与此同时，各电子控制模块之间的数据交换也随之增加。

传统的数据交换形式是通过模块间专设的导线完成点对点的通信，数据量的增加必然导致车身线束的增加。庞大的车身线束不仅增加了制造成本，而且还占用空间，也提高了整车重量。线束的增加还会使因线束老化而引起电气故障的可能性大大提高，降低了系统的可靠性。

解决这个问题的关键就是利用计算机网络技术，将车载控制模块通过车载网络连接起来，实现数据信息的高效传输。车载网络形式多种多样，目前应用最为广泛的是控制器局域网络（Controller Area Network），即所谓的 CAN BUS 系统。

控制器局域网 CAN 是德国 Robert Bosch 公司在 20 世纪 80 年代初为汽车行业开发的一种具有很高保密性且有效支持分布式控制或实时控制的串行数据通信总线。CAN 的应用范围遍及高速网络到低成本的多线路网络。在自动化控制领域、发动机控制部件、传感器、防滑系统等应用中，CAN 的位速率可高达 1 Mbit/s。同时，它也可以廉价地运用于汽车电气系统中，如灯光、电动车窗等，可以替代所需要的硬件连接。

按照 ISO 有关部门规定，CAN 拓扑结构为线性总线式，所以也称 CAN 总线。最初推出的 CAN 总线为 1.0 版，1990 年推出 1.2 修订版，1991 年又推出 CAN 总线 2.0 版。目前 CAN 总线不但已经成为汽车总线的主要规范，而且被公认为最有前途的几种工业总线之一，已由 ISO TC22 技术委员会批准为国际标准，是唯一被批准为国际标准的总线。1993 年国际 CAN 用户及制造商组织（简称 CIA）在欧洲成立，主要作用是解决 CAN 总线实际应用中的问题，提供 CAN 产品及其开发工具，推广 CAN 总线的应用。

如图 10-1-1（a）所示代表传统布线及信息传递方式。发动机控制单元与自动变速器控制单元以独立的数据专线传递各种信息，如发动机转速、节气门位置、变速箱干预、升降挡信息等。

而如图 10-1-1（b）所示则采用 CAN BUS 数据总线进行信息传递，所有信息都通过两根数据线进行传递。各控制单元之间的所有信息都通过两根数据线进行交换，相同的数据只须在数据系统中传递一次。通过该种数据传递形式，所有的信息，不受控制单元的多少和信息容量的大小限制，都可以通过这两条数据线进行传递。如图 10-1-2 所示，类似于公共汽车可以运输大量乘客，CAN 数据总线能够以高效率实现大量的数据信息传输。

因此，与传统数据传输方式相比，CAN 数据总线具有如下优点：

1. 数据传输速度快

数据传输能以较快的速度进行，最快速度达到 1 Mbit/s。

2. 系统可靠性高

系统能准确识别数据传输故障（不论是由内部还是外部引起的）；具有较强的抗干扰和应急运行能力，如能以单线模式工作（出于安全因素，正常情况下采用双线同时工作）。

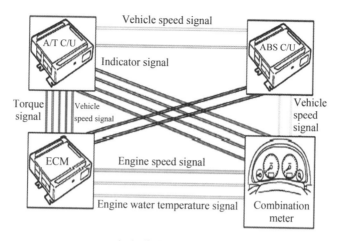

（a）传统的通信方式

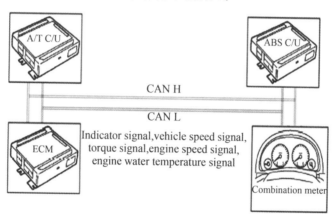

（b）CAN 通信方式

图 10-1-1　传统数据传输系统与 CAN BUS 系统对比图

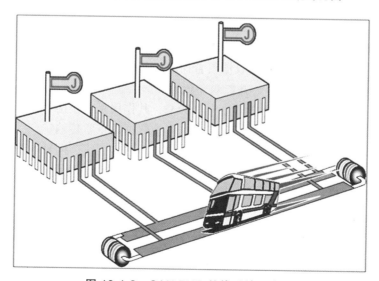

图 10-1-2　CAN BUS 总线系统示意图

3. 减少线束，降低成本

通过减少车身线束降低了制造成本，同时又节省了空间，降低了整车重量。

4. 系统配置更加灵活便利

若需对系统进行功能增减或配置更改时，只需进行较少的改动，如对相应控制模块进行软件升级等。

5. 高效率诊断

通过网络实现对网络中各系统的高效诊断，大大减少了诊断扫描所需的诊断线束。

（二）汽车 CAN BUS 总线系统组成

如图 10-1-3 所示，CAN BUS 数据总线系统主要由控制器、收发器、终端电阻和传输线等组成。除数据传输线外，其他元件都置于控制单元内部。

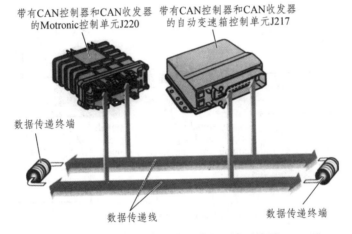

图 10-1-3　CAN BUS 数据总线系统图

控制器的作用是接收控制单元中微处理器发出的数据、处理数据并传给 CAN 收发器；同时 CAN 控制器也接收收发器收到的数据、处理数据并传给微处理器。

收发器是由一个发射器和一个接收器组合而成，其作用是将从控制器接收的数据转换成能够通过 CAN BUS 传递的电信号，并能双向传递。

终端电阻是一个电阻器，每个电阻值为 120 Ω，其作用是防止信号在传输过程中因回波反射造成对信号的叠加，从而使信号产生失真，影响数据的正常传输。

传输线又称为通信介质或媒体，常用通信传输介质有电话线、同轴电缆、双绞线、光导纤维电缆、无线与卫星通信信道等。如图 10-1-4 所示，传输线通常是被 CAN 数据总线用以传输数据的双向数据线，分为 CAN 高位（CAN-high）和低位（CAN-low）数据线。CAN 总线数据没有指定接收器，数据通过数据总线同时发送给各控制单元，各控制单元接收后进行对数据的分析、判断和计算。为了防止外界电磁波干扰和向外辐射，CAN 总线采用两条线缠绕在一起的双绞线；两条线上的电位是相反的，如果一条线的电压是 5 V，另一条线的电压就是 0 V，两条线的电压总和等于常值。因此，CAN 总线得到保护而免受外界电磁场干扰，同时 CAN 总线向外辐射也保持中性，即无辐射。

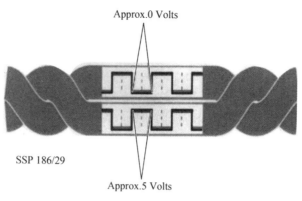

Approx.0 Volts

SSP 186/29

Approx.5 Volts

图 10-1-4　数据传输线

由于汽车上通常采用多种总线将控制单元连接成网络，而不同总线之间无法直接相互传递数据，而是通过网关将不同总线互联。网关是汽车内部网络通信的核心，通过它可以实现各种总线上模块之间信息的共享以及汽车内部的网络管理和故障诊断功能。

（三）汽车 CAN BUS 总线系统工作原理

1. CAN BUS 系统的网络原理

（1）总线形式。

目前，汽车界最广泛采用的是 CAN 总线和局部连接网（Local Interconnect Network，LIN）总线两种总线形式。CAN 总线是一种多主方式的串行通信总线，而 LIN 总线是一种辅助的串行通信总线网络，为汽车网络（如 CAN 总线）提供辅助功能。在一些相对简单的汽车中，LIN 总线的使用可大大节省成本。与 CAN 总线不同，LIN 总线采用单主控制器/多从设备的模式。

（2）网络连接形式。

如图 10-1-5 所示，网络连接的形式一般有五种，分别为网状连接、星形连接、环形连接、总线连接以及串行连接。其中总线网络连接形式在汽车上应用较为广泛。

（a）网状连接　　（b）星形连接　　（c）环形连接　　（d）总线连接　　（e）串行连接

图 10-1-5　网络连接形式图

车载网络系统采用了 CAN 总线形式和总线型网络连接形式，从而构成了 CAN BUS 网络通信系统。CAN BUS 系统中包含多个控制单元，这些控制单元通过内部收发器（发射-接收放大器）并联在总线导线上，因此各控制单元的地位均相同，没有任何控制单元享有特权，在这个意义上称之为多主机结构。

2. CAN BUS 系统的信息交换

各个控制单元之间进行交换的数据称为信息，每个控制单元均可发送和接收信息。信息交换是按照顺序来连续完成的。

（1）信息的表示方法。

信息包含在控制单元之间传递的各种物理量中，如发动机转速，并以二进制数（一系列 0 和 1）来表示。

如图 10-1-6 所示，CAN BUS 传递的每个信息都是通过二进制编码来表示的。信息越简单，信息结构越短；信息越复杂，信息结构越长。信息结构越长，表达的信息量越大；信息结构长度每增加一位（1 bit），其表达的信息量便可增加 1 倍，信息结构最大长度 108 bit。例如表示压缩机的状态，只有接通和断开两种状态，可以用信息结构为 1 位（或 1 bit）的方式表达。当描述中控锁状态时，中控锁状态可分为：开锁、锁车、安全锁和非安全锁共四种状态，用信息结构为 1 位（或 1 bit）的方式就不能全部表达，必须用信息结构为 2 位（或 2 bit）的方式表达。而表示发动机温度值 0 ~ 127.5 ℃，则必须用信息结构为 8 位（或 8 bit）的方式表达。

1 bit信息
例如：压缩机状态

信号值	信号内容
0	压缩机断开
1	压缩机接通

2 bit信息
例如：中控锁开关信息状态

信号值	信号内容
00	开锁
01	安全锁
10	锁车
11	非安全锁

使用8 bit信息表示温度信号：

2^7	2^6	2^5	2^4	2^3	2^2	2^1	2^0	value	value
128	64	32	16	8	4	2	1	十进制	温度值
0	0	0	0	0	0	0	0	0	0℃
0	0	0	0	0	0	0	1	1	0.5℃
0	0	0	0	0	0	1	0	2	1℃
								...	...
1	0	0	0	1	0	1	0	138	69℃
								...	...
1	1	1	1	1	1	1	1	255	127.5℃

图 10-1-6　信息的二进制表示法

（2）信息交换的基本原理。

为了易于说明信息交换过程，下面以发动机转速信息为例并以一条 CAN 导线来分析信息交换的基本原理，如图 10-1-7 所示。

CAN 系统中的所有控制单元都能收到信息，并且每个控制单元都扮演识别器中的接收检验员，判断所收到的信息是否与相应的控制模块有关，如果有关，则采用；否则将被忽略。

每个控制单元都能传递和接收数据，但只是有选择性地读取需要的数据信息。

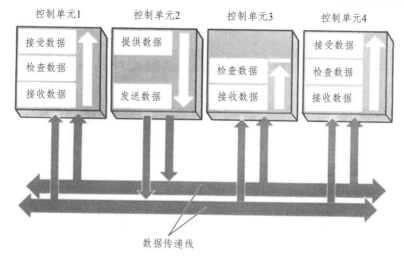

图 10-1-7　信息交换原理图

　　每个控制单元均可接收发送出的信息。如图 10-1-8 所示，通常把上述信息交换的原理称为广播，类似于一个广播电台发送某一节目，每个连接的用户均可接收。这种广播形式使系统中所有控制单元都处于相同的信息状态。

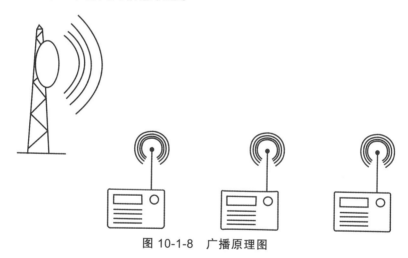

图 10-1-8　广播原理图

3. CAN BUS 系统的节点功能

节点功能如图 10-1-9 所示。

（1）K-线。K-线用于在 CAN BUS 系统自诊断时连接检测仪。

（2）控制单元。

控制单元接收来自传感器的信号，将其处理后再发送到执行元件上。

控制单元中包含两个重要构件：微处理器和 CAN 存储区。微处理器带有输入/输出存储器和程序存储器。控制单元接收到的传感器值（如发动机温度或转速）会被定期查询并按顺序存入输入存储器。微处理器按事先规定好的程序来处理输入值，处理后的结果存入相应的输出存储器内，然后到达各个执行元件。而 CAN 存储区主要用于容纳接收到的和要发送的信息。

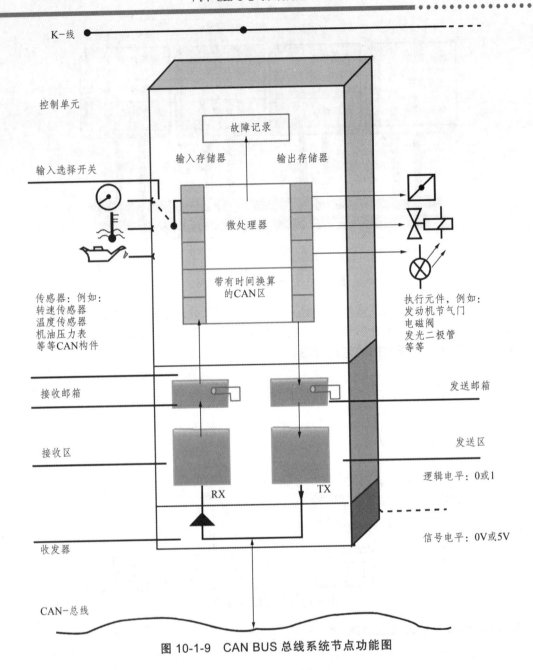

图 10-1-9　CAN BUS 总线系统节点功能图

（3）CAN 构件。

CAN 构件用于数据交换，分为两个区：一个是接收区，一个是发送区。通过接收邮箱或发送邮箱与控制单元相连，该构件一般集成在控制单元的微处理器芯片内。

（4）收发器。

如图 10-1-10 所示，收发器是一个发送-接收放大器，它把 CAN 构件连续的比特流（逻辑电平）转换成电压值（线路传输电平），或者通过收发器把电压值转换成比特流。这个电压值适合铜导线上的信息传输。收发器通过 TX-线（发送导线）或 RX-线（接收导线）与 CAN 构件相连。RX-线通过一个放大器直接与 CAN 总线相连，监听总线信号。

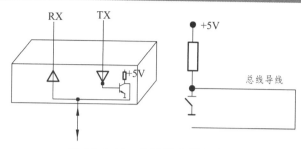

图 10-1-10　收发器内部示意图

如图 10-1-11 所示，收发器的一个特点就是 TX 线与总线的耦合，这个耦合过程是通过一个断路式集流器电路来实现的。所以，总线导线上就会出现两种状态：状态 1，晶体管截止状态（开关未接合），总线电平等于 1，无源；状态 0，晶体管导通状态（开关已接合），总线电平等于 0，有源。由此，将无源的总线电平称为隐性电平，有源的总线电平称为显性电平。

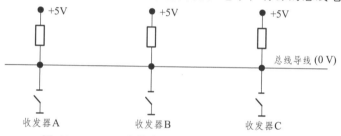

图 10-1-11　三个收发器耦合在一根总线导线上

如果某一开关已接合，电阻上就有电流流过，于是总线导线上的电压就为 0 V。如果所有开关均未接合，那么就没有电流流过，电阻上就没有压降，于是总线导线上的电压就为 5 V。

因此，若总线处于状态 1（无源），那么此状态可以由某一个控制单元使用状态 0（有源）来改写。

（5）网关。

如图 10-1-12 所示，由于不同区域 CAN BUS 总线的速率和识别代号不同，因此某一信号要从一个总线进入到另一个总线区域，必须把此信号的速率和识别代号进行改变，使之能够被另一个系统接受，这个任务由网关（Gateway）来完成。

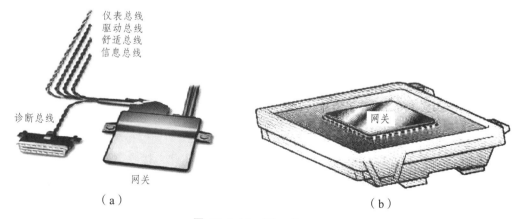

图 10-1-12　网　关

（四）CAN BUS 系统的信息传输过程

下面以发动机转速信息接收、传递和显示为例，分析转速信息从接收到在转速表上显示的一个完整信息交换过程，从中可以反映出数据传递的时间顺序以及 CAN 构件与控制单元之间的配合关系。

1. CAN 信息的结构原理

如图 10-1-13 所示，CAN BUS 所传递的每个完整信息分别由开始域、状态域、控制域、数据域、安全域、检验域和结束域所构成。

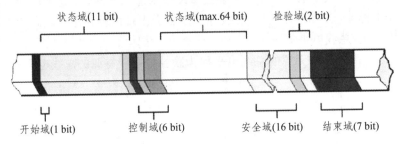

图 10-1-13　信息结构图

（1）开始域。

标志数据开始。带有大约 5 V 电压（由系统决定）的 1 位，被送入高位 CAN 线；带有大约 0 V 电压的 1 位被送入低位 CAN 线。此外，还用于确定与其他节点硬件的同步。

（2）状态域。

该区包括 11 位，用于标识数据的内容，判定数据中的优先权，低值标识符代表数据的较高级优先顺序。如果两个控制单元都要同时发送各自的数据，那么，具有较高优先权的控制单元优先发送。例如，包括发动机冷却液温度信息的数据和车辆打滑信息的数据相比，后者通常具有更低值的标识符，具有优先发送的权利。

（3）控制域。

该区共包括六位。前两位为显性，以备将来应用；后四位包括随后的数据域中字节的数量，其值为 0 ~ 8。在本部分允许任何接收器检查是否已经接收到所传递过来的所有信息。

（4）数据域。

表示传递的信息所对应的数据，最多可达 64 位（8 字节）。在数据域中，信息被传递到其他控制单元。

（5）安全域。

包括一个用于错误检测的 15 位数列和一个定界符位。发送数据和接收信息的控制单元用于检查和比较传递信息所发生的变化（检测传递数据中的错误）。

（6）检验域。

包括隐性传输的空格位及通常为隐性的定界符位。在此，接收器信号通知发送器，接收器已经正确收到数据。若检查到错误，接收器立即通知发送器，然后发送器再发送一次数据。

（7）结束域。

该区表示数据完成，它通常包括七位隐性位。表示该信息数据传递结束，这里是显示错误并重新发送数据的最后一次机会。

2. CAN 总线的标准、协议

（1）网络协议。

网络由使用的电子语言来识别。控制模块必须"使用和解读"相同的电子语言，这种电子语言称为协议。

① J1850 标准企业协议。

J1850 是美国汽车的车内联网标准，包含了两个不兼容的规程。通用汽车公司（GM）和克莱斯勒汽车公司（Chrysler）采用 10.4 kbit/s 可变规程的类似版本，在单根线的总线上进行通信；福特汽车公司（FORD）采用 46.1 kbit/s 的脉冲宽度调制（Pulse Width Modulation，PWM），在双线的差分总线上进行通信。

② J1939 协议。

J1939 是一种以 CAN2.0 为网络核心、支持闭环控制的在多个 ECU 之间高速通信的网络协议。

（2）网络标准。

目前存在多种汽车网络标准，其侧重的功能有所不同。为方便研究和设计应用，SAE 车辆网络委员会将汽车数据传输网划分为 A、B、C 三类。A 类是面向传感器/执行器控制的低速网络，数据传输位速率通常小于 10 kbit/s，主要用于电动后视镜，电动窗、灯光照明等控制；B 类是面向独立模块间数据共享的中速网络，位速率在 13～125 kbit/s，主要应用于车身电子舒适性模块、仪表显示等系统；C 类是面向高速、实时闭环控制的多路传输网，位速率在 125 kbit/s～1 Mbit/s，主要用于牵引力控制、发动机控制、ABS 等系统。

① A 类总线标准、协议。

A 类的网络通信大部分采用通用异步接收 / 发送装置（Universal Asynchronous Receiver/Transmitter，UART）标准。UART 使用起来既简单又经济，但随着技术的发展，预计在今后几年内将会逐步在汽车通信系统中被停止使用。

目前，A 类首选的标准是 LIN。LIN 是用于汽车分布式电控系统的一种新型低成本串行通信系统。它是一种基于 UART 的数据格式、主从结构的单线 12 V 的总线通信系统，主要用于智能传感器和执行器的串行通信，而这正是 CAN 总线的带宽和功能所不要求的部分。由于目前尚未建立低端多路通信的汽车标准，因此 LIN 正试图发展成为低成本的串行通信的行业标准。

② B 类总线标准、协议。

B 类的网络通信采用的是 ISO 11898 标准，传输速率在 100 kbit/s 左右的 CAN 总线。CAN 总线是德国 BOSCH 公司从 20 世纪 80 年代初为解决现代汽车中众多控制与测试仪器之间的数据交换而开发的一种串行数据通信协议，它是一种多主总线，通信速率可达 1 Mbit/s。

CAN 总线通信接口中集成了 CAN 协议的物理层和数据链路层功能，可完成对通信数据的成帧处理，包括位填充、数据块编码、循环冗余检验、优先级判别等项工作。

CAN 协议的最大特点是废除传统的站地址编码，实行对通信数据块进行编码，最多可标识 2048（2.0A）个或 5 亿（2.0B）多个数据块。采用这种方法可使网络内的节点个数在理论上不受限制。数据段长度最多为 8 个字节，不会占用总线时间过长，从而保证了通信的实时性。CAN 协议采用 CRC 检验并可提供相应的错误处理功能，保证了数据通信的可靠性。以往广泛适用于美国车型的 J1850 正逐步被基于 CAN 总线的标准和协议所取代。

③ 高速总线系统标准、协议。

由于高速总线系统主要用于与汽车安全相关，以及实时性要求比较高的地方（如动力系统），所以其传输速率比较高。根据传统的 SAE 的分类，该部分属于 C 类总线标准，通常在 125 kbit/s ~ 1 Mbit/s，必须支持实时的周期性的参数传输。

目前，随着汽车网络技术的发展，未来将会使用到具有高速实时传输特性的一些总线标准和协议，包括采用时间触发通信的 X by Wire 系统总线标准和用于安全气囊控制和通信的总线标准、协议。

（a）C 类总线标准、协议。在 C 类标准中，欧洲的汽车制造商基本上采用的都是高速通信的 CAN 总线标准 ISO 11898。而 J1939 供货车及其拖车、大客车、建筑设备以及农业设备使用，是用来支持分布在车辆各个不同位置的电控单元之间实现实时闭环控制功能的高速通信标准，其数据传输速率为 250 kbit/s。在美国，GM 公司已开始在所有的车型上使用其专属的所谓 GMLAN 总线标准，它是一种基于 CAN 的传输速率在 500 kbit/s 的通信标准。

（b）安全总线和标准。安全总线主要是用于安全气囊系统，以连接加速度计、安全传感器等装置，为被动安全提供保障。目前已有一些公司研制出了相关的总线和协议，包括 Delphi 公司的 Safety Bus 和 BMW 公司的 Byteflight 等。

（c）X by Wire 总线标准、协议。X by Wire 最初是用在飞机控制系统中，称为电传控制，现在已经在飞机控制中得到广泛应用。由于目前对汽车容错能力和通信系统的高可靠性的需求日益增长，X by Wire 开始应用于汽车电子控制领域。在未来的 5 ~ 10 年里，X by Wire 技术将使传统的汽车机械系统（如刹车和驾驶系统）变成通过高速容错通信总线与高性能 CPU 相连的电气系统。目前，这一类总线标准主要有 TTP、Byteflight 和 Flex Ray。

3. 数据传输过程

（1）发送过程。

如图 10-1-14 所示，发动机控制单元的传感器接收到转速值。该值以固定的周期（循环

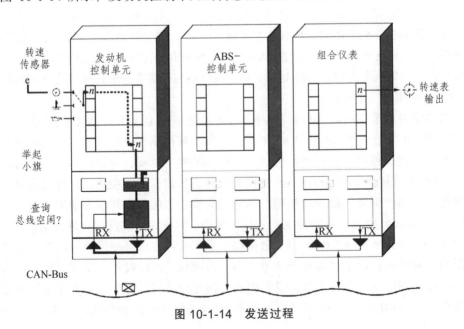

图 10-1-14　发送过程

往复地）到达微处理器的输入存储器内。由于瞬时转速值还用于其他控制单元（如组合仪表），所以该值应通过 CAN 总线来传递。于是转速值就被复制到发动机控制单元的发送存储器内。该信息按协议被转换成 CAN 的特殊格式从发送存储器进入 CAN 构件的发送邮箱内。如果发送邮箱内有一个实时值，那么该值会由发送特征位（举起的小旗）显示出来。将发送任务委托给 CAN 构件，发动机控制单元就完成了此过程中的任务。

如图 10-1-15 所示，CAN 构件通过 RX-线来检查总线是否有源（是否正在交换别的信息），必要时会等待，直至总线空闲下来为止。如果总线空闲下来（某一时间段内的电平为 1，无源），发动机信息就会被发送出去。

（2）接收过程。

接收过程分为两步：第一步，检查信息是否正确（在监控层）；第二步，检查信息是否可用（在接受层）。

发送器在发送每个信息时，所有数据位会产生并传递一个 16 位的校验和数；所有连接的装置都接收发动机控制单元发送的信息（广播），并通过监控层内的循环冗余码校验（Cycling Redundancy

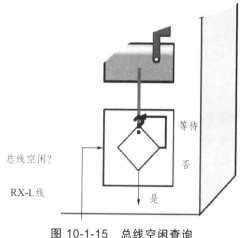

图 10-1-15　总线空闲查询

Check，CRC）校验和数来确定是否有传递错误，同时接收器按同样的规则从所有已经接收到的数据位中计算出校验和数。随后接收到的校验和数与计算出的校验和数进行比较，检查这些信息是否正确，如图 10-1-16 所示。

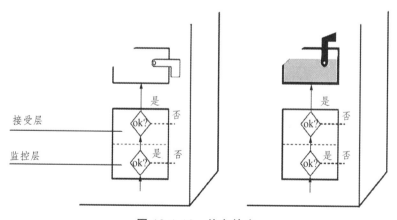

图 10-1-16　信息检查

如果确定信息无传递错误，则连接在 CAN 总线上的所有装置均给发射器一个确认回答，即"信息收到符号"（Acknowledge，简写为 Ack），它位于校验和数后。

已接收到的正确信息将会到达相关 CAN-构件的接收区。在接收区来决定该信息是否用于完成各控制单元的功能。如果不是，该信息就被拒收；如果是，该信息就会进入相应的接收邮箱。

连接的组合仪表则根据升起的"接收旗"判断出现在有一个信息（如转速）在排队等待

处理。组合仪表调出该信息并将相应的值复制到输入存储器内。在组合仪表内，转速经微处理器处理后到达执行元件并最后到达转速表。这个信息交换过程按设定好的循环时间（如每10 ms）在持续地重复进行。于是，通过 CAN-构件发送和接收信息的过程结束。

4. CAN BUS 系统信息传输的优先权判定

如果多个控制单元同时向总线发送信息，那么数据总线上必然会发生数据冲突。为了避免发生这种情况，CAN 总线是通过识别各个控制单元发送信息时的标识符来判定信息传输顺序的。

（1）信息传输顺序原则。

由于 CAN BUS 数据总线在同一时刻只允许一个数据传递，如果多个控制单元要同时发送各自的数据，系统将根据数据的优先级别来确定具有更高优先权的数据进行优先发送。例如基于安全考虑，由 ABS 控制单元提供的数据比自动变速器控制单元提供的数据（驾驶舒适）更重要，因此具有优先权。

（2）数据传递的优先权判定方法。

发送隐性电位的控制单元，若检测到一个显性电位，那么该控制单元停止发送转为接收。如果一个控制单元向外发送高电位（用"0"表示），而同时另一个控制单元向外发送低电位（用"1"表示），则数据传输线将体现高电位（用"0"表示）。

下面以发动机、ABS、变速器控制单元同时发送数据为例来介绍 CAN-BUS 系统是如何处理信息传输冲突的。

如图 10-1-17 所示，发动机控制单元将要发送"0010 1000 000"数据，变速器控制单元将要发送"0100 0100 000"数据，ABS 控制单元将要发送"0001 1010 000"数据。

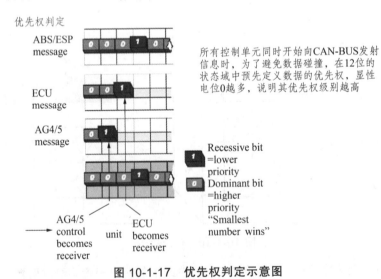

图 10-1-17 优先权判定示意图

第一位：三者都向外发送"0"，数据传输线上也体现为"0"。

第二位：自动变速器控制单元准备向外发送"1"，但另外两个控制单元向外发送"0"，则数据传输线为"0"。自动变速器控制单元发送了一个低电位（用"1"表示），而检测到一个高电位（用"0"表示），那么自动变速器控制单元将失去优先权而转为接收状态。

第三位：发动机控制单元准备向外发送"1"，但 ABS 向外发送"0"，则数据传输线为"0"。发动机控制单元发送了一个低电位（用"1"表示），而检测到一个高电位（用"0"表示），则发动机控制单元将失去优先权而转为接收状态。

ABS 控制单元拥有最高优先权，从而接管了数据总线的控制权，该优先权保证其持续发送数据直至发送结束。ABS 控制单元结束发送数据后，其他控制单元根据其优先权的高低，再依次发送各自的数据。

5. CAN BUS 系统信息传输波形

如图 10-1-18 所示为 CAN 数据总线信息传输信号波形。用以传输数据的 CAN 数据总线采用双向数据线，分为 CAN 高位（CAN-high）和低位（CAN-low）。CAN 高位和低位数据线的信号电压相互对称分布。当 CAN 高位数据线电压为 5 V 时，CAN 低位数据线电压为 0 V；而当 CAN 高位数据线电压为 0 V 时，CAN 低位数据线电压为 5 V。

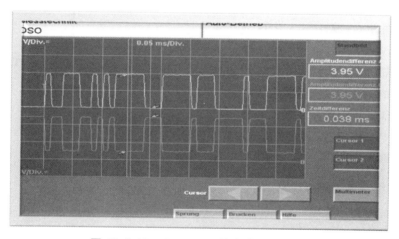

图 10-1-18　CAN BUS 信息传输波形图

（五）车内网络连接原理

各个控制单元利用双绞线分别连接在 CAN BUS 系统的舒适总线、驱动总线上，通过网关"翻译"，将舒适总线与驱动总线之间的信息传输速率和识别代号进行转换，从而实现信息的可靠、迅速和实时传输，完成控制单元对相应模块功能的控制（见图 10-1-19）。

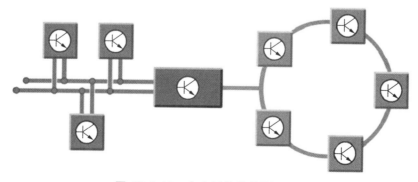

图 10-1-19　车内网络连接原理图

（六）车载网络系统故障特点和检修方法

1. 故障诊断工具

进行车载网络系统的检修，需要以下诊断工具：

（1）诊断设备。

能进行 CAN 数据总线故障检测的诊断仪器（含原厂仪器、通用型仪器）。

（2）检测设备。

汽车专用电表、示波器等。

（3）技术资料。

相关车型车载网络系统结构图、线路图。

2. 车载网络系统的故障种类和故障部位。

（1）全部控制单元不能和诊断仪器通信。

故障可能部位：诊断接头，BUS 线，网关。

（2）部分或某个控制单元不能和诊断仪器通信。

故障可能部位：诊断接头，BUS 线，控制单元。

（3）控制单元记忆系统相关的故障码。

故障可能部位：BUS 线，控制单元。

（4）采用 CAN 系统控制的功能故障。

故障可能部位：BUS 线，控制单元，相关元件。

3. 车载网络系统的故障现象

（1）断路或短路的故障。

断路：总线上无电压。

对正极短路：总线上无电压变化，总线电压等于蓄电池电压。

对地短路：总线上无电压变化，总线电压 $U = 0$ V。

原因可能为：

a. 导线中断。

b. 导线局部磨损。

c. 线束连接损坏/触头损坏/污垢、锈蚀。

d. 控制单元损坏或控制单元供电故障。

（2）控制单元的故障。

干扰总线系统的控制单元故障原因可能是由于软件引起。

症状：由电码干扰而导致的功能无法执行或功能异常。

确定干扰总线系统的控制单元：

a. 依次取下每根总线上连接的控制单元保险丝。

b. 每脱开一个控制单元后，重复总线测试。

c. 如果在脱开某个控制单元后数据传送重新正常，则表明该控制单元干扰了数据交换。

d. 可更换相关的控制单元。

4．总线的维修

如图 10-1-20 所示，拆开在损坏点处的缠绕线，对损坏点处进行维修。在维修时需注意：为了屏蔽干扰，应尽可能少拆解缠绕节，并且维修点之间的距离应保持至少 100 mm。

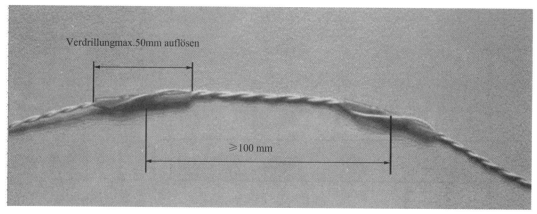

图 10-1-20 总线的维修

二、基本技能

（一）卡罗拉 CAN 终端电阻的测量

车载网络系统的检修需要系统图和电路图。卡罗拉 CAN 系统图如图 10-1-21 所示，DLC 诊断座电路图如图 10-1-22 所示。

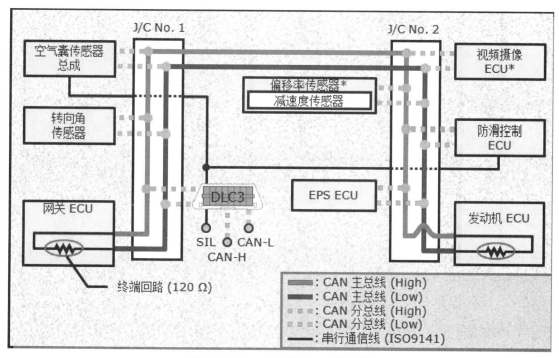

图 10-1-21 卡罗拉 CAN 系统图

DLC3

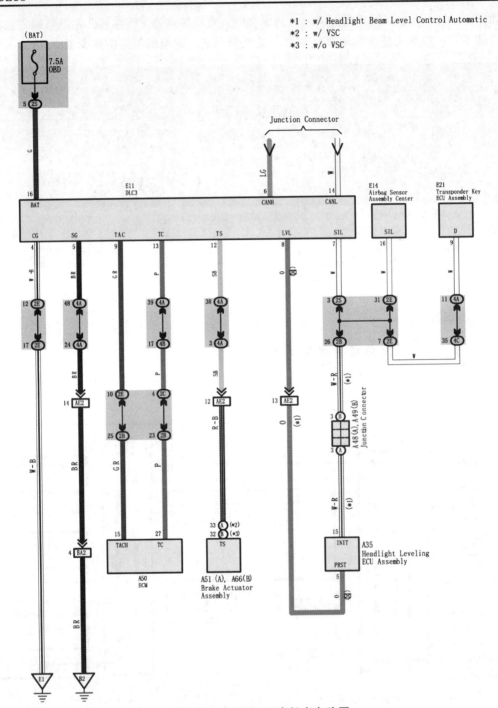

图 10-1-22　DLC 诊断座电路图

1. 准备工作

（1）防护装备：工作服；工作帽；手套；劳保鞋。

（2）车辆、台架、总成：卡罗拉整车或其他车型。

（3）检测设备：万用表。

（4）手工工具：拆装工具一套。

（5）辅助材料：翼子板布和前格栅布、三件套、抹布、手套、白板笔等。

2. 实施步骤

（1）找到诊断插头 H 和 L 的端子。

如图 10-1-23 所示，根据电路手册，查看诊断座 H 和 L 的端子序号。

（2）点火开关置于"ON"挡。

（3）万用表调至电阻挡 200 Ω。

（4）如图 10-1-24 所示，两表笔分别连接高低 CAN 端子（6 号和 14 号端子），测量 CAN 终端电阻，标准值为 60 Ω左右。

图 10-1-23　找到诊断插头高低 CAN 端子

图 10-1-24　测量 CAN 总线电阻

三、知识拓展

（一）LIN 总线系统

LIN 总线系统主要由 LIN 主控制单元、LIN 从属控制单元以及 CAN 数据线所组成，如图 10-1-25 所示。

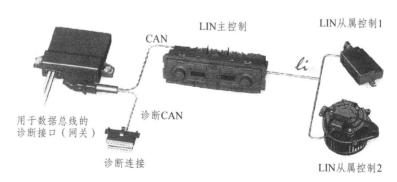

图 10-1-25　LIN 总线系统组成

与 CAN 数据总线连接的 LIN 主控制单元具有以下功能：

（1）监控数据传送和数据传送率。

（2）软件中包含有一个传送周期，传送周期规定了何时和以何种频度把信息传送到 LIN 数据总线。

（3）执行本地 LIN 总线系统中 LIN 控制单元和 CAN 数据总线之间的换算功能。因此，它是 LIN 总线系统中唯一与 CAN 数据总线连接的控制单元。

（4）对已连接的 LIN 从属控制单元进行数据传送。

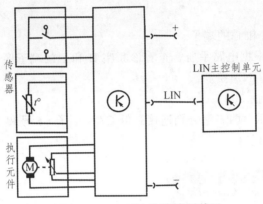

图 10-1-26　LIN 从属控制单元

LIN 从属控制单元，如图 10-1-26 所示。在 LIN 数据总线系统中，可以把单个控制单元作为 LIN 从属控制单元使用，如新鲜空气鼓风机、传感器或者执行元件。由此，LIN 主控制单元可以通过接收由 LIN 总线用数字信号的形式传送 LIN 从属控制单元（传感器元件）的测量值来查询 LIN 从属控制单元（执行元件）的实际状态，而 LIN 从属控制单元（执行元件）能够接收 LIN 主控制单元以数字信号的形式传送的任务指令。

（二）MOST 总线系统

1. MOST 总线系统的组成

MOST 总线控制单元主要由光导纤维、光导插头、内部供电装置、电气插头、专用部件、标准微型控制器、MOST 发射接收机、发射接收机、光导纤维发射机等部件构成，如图 10-1-27 所示。

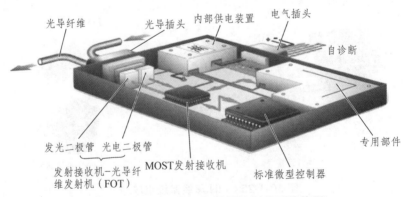

图 10-1-27　MOST 总线控制单元结构图

2. MOST 总线系统的工作原理

光导纤维是 MOST 系统的传输媒介，由多层材料组合而成。由于光信号在光导纤维内进行的是全反射，要求光纤走向尽量接近直线。但在实际结构中，光纤与车辆线束一起布置，不弯曲是不可能的。所以，光导纤维的特殊结构能保证光信号在一定弯曲度内的全反射，但光纤弯曲部位的弯曲半径必须大于 25 mm，否则无法实现信息的正常传递，如图 10-1-28 所示。

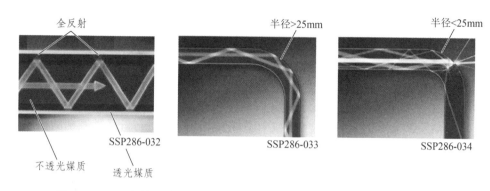

图 10-1-28　光信号传输示意图（从不透光媒质到透光媒质的全发射）

四、学习小结

（1）CAN 总线的作用、组成及控制原理。

（2）卡罗拉 CAN 总线系统图。

（3）卡罗拉诊断座的 CAN 终端电阻测量。

五、任务分析

本情境中，诊断仪器不能与发动机控制模块通信，在排除诊断仪器及操作问题外，故障出在诊断接头线路和发动机控制模块上。本着从简单到复杂的原则，应先检查诊断接头，特别是通信线路。

六、自我评估

1. 填空题

（1）数据总线系统主要由_____、_____、_____和_____等组成。

（2）_____用于在 CAN BUS 系统自诊断时连接。

（3）CAN BUS 所传递的每个完整信息分别由_____、_____、_____、_____和_____所构成。

（4）网络连接的形式一般有五种，分别为网状连接、_____连接、_____连接、总线连接以及串行连接。

2. 判断题

（1）车载网络系统的数据线一定为 2 条。（　　　）

（2）终端电阻值越大越好。（　　　）

（3）K 线用于在 CAN BUS 系统自诊断时连接检测仪。（　　　）

学习项目十一　　舒适性系统检修

本学习项目主要学习舒适性系统检修，有两个工作任务：任务一——电动座椅检修；任务二——电动后视镜检修。学生通过两个工作任务的学习，能进行舒适性系统的操作与检修。

工作任务一　　电动座椅检修

■任务情境

一、任务描述

一辆卡罗拉出现座椅不能前后调节，车间主管把检修任务交给你，你能完成吗？

二、任务提示

根据故障现象，应对电动座椅开关、电机及线路进行检修。

■任务目标

一、知识目标

（1）能够描述电动座椅的作用及结构组成。
（2）能够描述电动座椅的结构操作方法和控制电路。

二、能力目标

能进行卡罗拉电动座椅故障的检修。

■必备知识

一、基本知识

（一）汽车座椅概述

汽车座椅最重要的作用是支撑驾驶员和乘客身体。为在汽车减速时不使身体向前移，座椅的前方应设计得稍高一些。尤其是注重运动性的汽车，采用将身体深深包起的凹背式座椅。

在不改变姿势长时间乘坐时,往往认为驾驶员座椅柔软些好。但在座椅适合自己体形的前提下,表面硬一些的座椅不容易使人产生疲劳。而与自己体形不符的硬座椅会压迫身体的某一部分,使疲劳成倍增加,严重时会感到疼痛。

在车内装备中,座椅是最引人注目的装备,因此造型很重要。从乘坐舒适性和保证驾驶等人体工程学的角度来看,座椅是很重要的一项装置。

1. 普通座椅

普通座椅调节方式需要成员先通过手柄放松座椅的锁止机构,然后通过改变身体的坐姿和位置来带动座椅移动,最后将锁止机构的手柄放松,将座椅固定在所选择的位置上。这种调节方式的主动施力方是座椅上的乘客,座椅调节起来也不方便,如图 11-1-1 所示。

2. 电动座椅

电动座椅是由坐垫、靠背、靠枕、骨架和调节机构等组成。电动调节的座椅在调节时,座椅是施力方,乘客只需扳动控制键就可以令座椅移动,无需主动改变身体的坐姿。电动座椅还可以提供更加精准的调节位置。电动座椅的使用让驾驶员,能够轻松地找到最适合自己的驾驶姿势,提供良好的视野,提高了行车安全性并能有效减轻驾驶疲劳,如图 11-1-2 所示。

图 11-1-1 普通座椅

图 11-1-2 电动座椅

（二）电动座椅的结构组成

如图 11-1-3 所示,电动座椅由座椅开关、电动机、传动装置灯组成。电动座椅通常有两种配置:四向和六向。但是,一些车辆最多可配置 8 个电动机,允许朝 16 个方向调节座椅(见图 11-1-4)。在四向系统中,整个座椅可以上下或前后移动;六向系统除了可以上下或前后调节外,还可以调节座椅前部和后部的高度。通常情况下,四向系统用于长条座椅,六向系统用于分离式长条座椅和斗式座椅。一些装置还可以控制倾斜、前后移动、高度和座椅靠背角度。座椅靠背的调节器也可以控制头枕的高度。

在四向系统中通常使用两个电动机,而六向系统则使用三个电动机。电动机的名称表明了它们的功能。要升高或降低六向系统上的整个座椅,则可同时操作前高度和后高度调节电动机。电动机通常为双向电动机总成(包括断路器)以防电路在控制开关长时间保持在激活位置时过载。

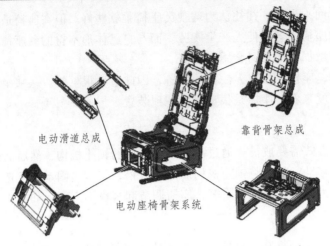

电动滑道总成

靠背骨架总成

电动座椅骨架系统

脚托机构总成

座盆总成

直流电机

图 11-1-3　电动座椅组成示意图

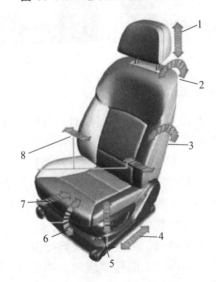

图 11-1-4　16 向电动座椅

1—头枕高度调节；2—靠背上部调节；3—靠背倾斜度调节；4—座椅纵向调节；5—座椅高度调节；
6—座椅华侨度调节；7—座椅前后调节；8—靠背宽度调节

（三）电动座椅的控制电路

以丰田卡罗拉为例，前排电动座椅电路图如图 11-1-5 所示。电动座椅的动作由座椅开关控制电机驱动，电源则直接来自蓄电池。

电动座椅

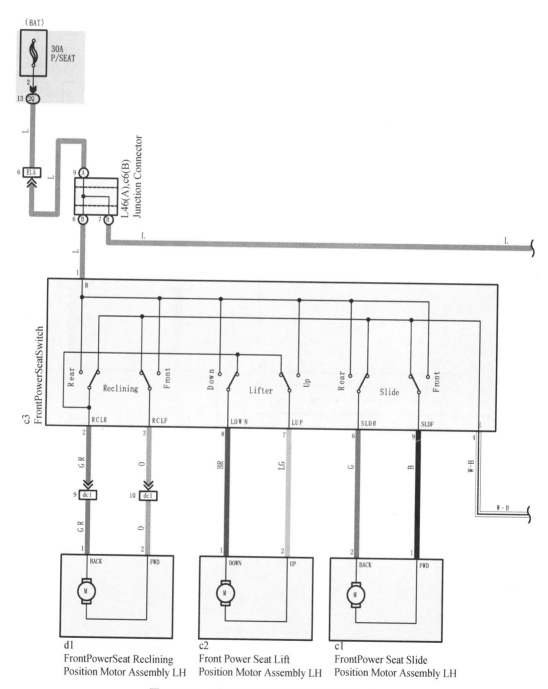

图 11-1-5　前排电动座椅控制电路图（1）

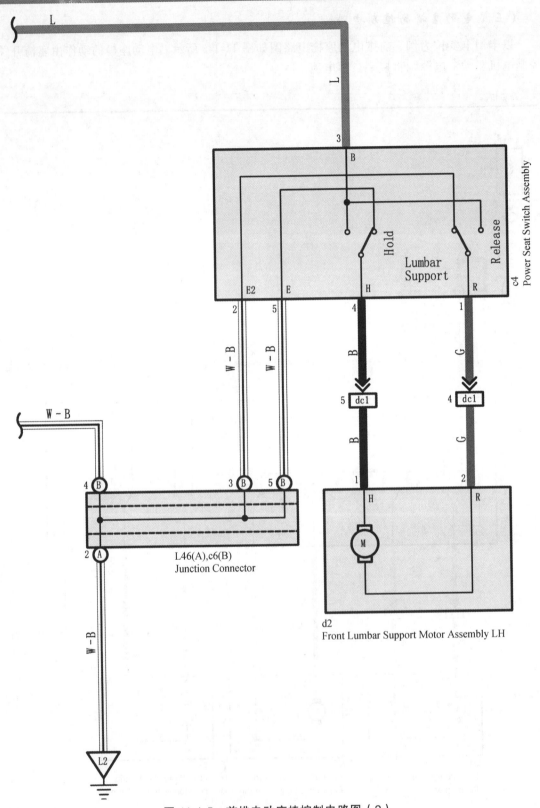

图 11-1-5　前排电动座椅控制电路图（2）

二、基本技能

（一）电动座椅检修

1. 准备工作

（1）防护装备：工作服；工作帽；手套；劳保鞋。

（2）车辆、台架、总成：卡罗拉整车（配置电动座椅）或其他配置电动座椅的车辆。

（3）检测设备：万用表。

（4）手工工具：拆装工具一套。

（5）辅助材料：翼子板布和前格栅布、三件套、抹布、手套、白板笔等。

2. 手动座椅的检查

电动座椅在手动座椅的基础上增加了电动调节功能,首先要熟悉普通手动座椅调节方法。

（1）手动座椅前后调节手柄在座椅的前下方,如图 11-1-6 所示。

（2）将座椅前后调节机构向上拉起并保持。可以前后调节座椅,如图 11-1-7 所示。

图 11-1-6　手动座椅前后调节手柄

图 11-1-7　操作座椅前后调节手柄

（3）手动座椅腰部调节手轮在座椅的左后方，如图 11-1-8 所示。

（4）旋转腰部调节手轮可以调节腰椎范围内的垫枕，如图 11-1-9 所示。

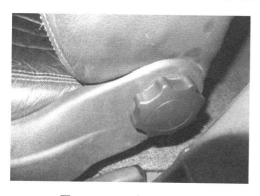

图 11-1-8　腰部调节手轮

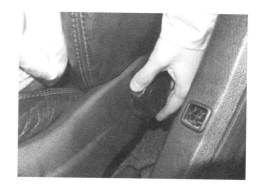

图 11-1-9　旋转腰部调节手轮

（5）按下头枕下方的锁止按钮并保持，上下拉动头枕，根据身高调节头枕高度到合适位置，如图 11-1-10 所示。

图 11-1-10　头枕调节

3．电动座椅的检查

（1）使用控制开关 A 沿箭头所指的各个方向按动可以进行座椅调节：①座椅前后调节；②座椅前部向上/向下调节；③座椅后部向上/向下调节；②和③同时同方向按动进行座椅整体上下调节，如图 11-1-11 所示。

（2）使用控制开关 B 沿箭头所指的各个方向按动这个开关进行座椅靠背的调节：①靠背向后倾斜；②靠背向前倾斜，如图 11-1-12 所示。

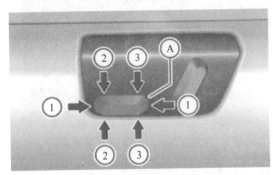

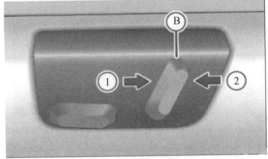

图 11-1-11　电动座椅控制开关 A　　　　图 11-1-12　电动座椅控制开关 B

4．电动座椅故障分析

（1）座椅的全部电动功能都失效。

根据图 11-1-5 前排电动座椅控制电路图分析，如果座椅的全部电动功能都失效，故障原因在电源电路，应检查保险丝和搭铁等线路。

（2）座椅的部分电动功能都失效。

根据图 11-1-5 前排电动座椅控制电路图分析，如果座椅的部分电动功能都失效，故障原因在对应功能开关和电机。如果按动开关，电机的连接器有蓄电池电压，则更换电机；反之检查开关及线路。

实际检修中，也可以直接给电机施加蓄电池电压，检查电机功能。

三、知识拓展

车辆的座椅提供了多种不同的选装件。下列装置中的部分装置适用于带手动座椅的车辆；

其他装置则适用于电动座椅选装件。

1. 温度控制座椅

一些车辆具有可以加热座椅的选装件，该装置尤其适用于寒冷的天气条件下。该系统依赖于坐垫内的加热线圈和由继电器和开关控制的靠背。除了在寒冷的天气条件下加热座椅外，一些车辆还可以在炎热的天气条件下使冷空气流过座椅，以冷却座椅。通常使用欧姆表来测试加热式格栅和开关。有关规格和测试说明，请参考相应的维修手册。

如图 11-1-13 所示，该座椅具备通风、加热和多位置调节功能，包括头枕和腰部支撑调节，较小的圆形物体是风扇。

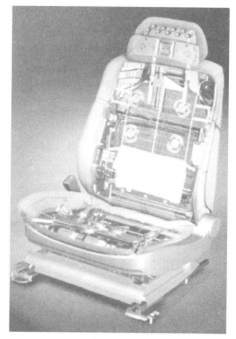

图 11-1-13　通风式座椅

2. 电动腰部支撑

电动腰部支撑允许驾驶员对位于座椅靠背下部的囊状物进行充气或放气。调节该支撑可以提高驾驶员的舒适度，并为腰部的脊柱提供支撑。

3. 座椅存储器

座椅存储器选装件可自动将驾驶员座椅调节为不同的位置，通常情况下最多有 3 个可编程位置（见图 11-1-14）。通过系统自动位置调节，该装置可使不同的驾驶员都拥有自己所需的座椅位置。此外，还允许每个驾驶员根据不同的驾驶情况设定不同的座椅位置。

带遥控钥匙的有些系统可以编程，在任何时候按下遥控钥匙解锁按钮时都可以将座椅调到记忆位置。每位驾驶员都可以有自己的遥控钥匙，并且可在打开车门时选定自己座椅位置。此外，有些系统还可以自动将电动后视镜调节至适用于各驾驶员的设定位置。

图 11-1-14　座椅调节控制和座椅存储器按钮

4. 自适应和主动座椅

一些豪华车辆中配备了自适应座椅功能，可在驾驶员换挡时略微移动座椅。长时间驾驶时，移动座椅可提高驾驶员的舒适度和支撑度。主动座椅可以促使脊柱和周围的肌肉不断地活动，但是几乎感觉不到。这种座椅旨在防止驾驶员因久坐不动而感到腰酸背痛。坐垫的左半部分和右半部分可以定期上下移动，所以，座椅饰品内集成了两块垫板。液压泵轮流向两个空腔充入水与乙二醇水溶液和防冻剂的混合溶液。

5. 按摩式座椅

为了帮助缓解驾驶员的疲劳，驾驶员按下控制按钮时，座椅靠背内的一排排滚柱将会上下移动。该按摩运动一次可持续大约 10 s。

四、学习小结

（1）电动座椅是由坐垫、靠背、靠枕、骨架和调节机构等组成。
（2）电动座椅的控制电路。
（3）卡罗拉电动座椅的检查。

五、任务分析

本情境中，电动座椅不能调节，可能出现故障的部位有：座椅开关、电机及线路。

六、自我评估

1. 填空题

电动座椅由＿＿＿＿、＿＿＿＿、＿＿＿＿组成。

2. 判断题

电动座椅保险烧断只会导致电动座椅一个方向不能调节。（　　　）

3. 选择题

下列（　　　）不属于卡罗拉电动座椅不能上下调节的原因。

A. 电动座椅保险熔断　　　　　　B. 座椅开关

C. 上下移动电机　　　　　　　　D. 以上都不对

工作任务二　电动后视镜检修

任务情境

一、任务描述

一辆卡罗拉左侧后视镜不能上下调节，车间主管把检修任务交给你，你能完成吗？

二、任务提示

根据故障现象，检查电动后视镜开关和电机。

任务目标

一、知识目标

（1）能描述电动后视镜的作用及组成。
（2）分析卡罗拉电动后视镜的控制原理电路图。

二、能力目标

能进行电动后视镜操作和检修。

必备知识

一、基本知识

（一）汽车后视镜概述

汽车后视镜，如图 11-2-1 所示，用于反映汽车后方、侧方的情况。大型商用车（大货车和大客车）还有下后视镜，用于察看车前部的死角，使驾驶者可以间接看清楚这些位置的情况。

汽车后视镜起着"第三只眼睛"的作用，扩大了驾驶者的视野范围。汽车后视镜属于重要安全部件，它的镜面、外形和操纵都颇有讲究。用途不一样，镜面结构也会有所不同。一般后视镜镜面主要有两种：一种是平面镜，顾名思义镜面是平的，这与一般家庭用镜一样，可得到与目视大小相同的映像，这种平面镜常用作内后视镜；另一种是凸面镜，镜面呈球面状，具有大小不同的曲率半径，它的映像比目视小，但视野范围大，好像相机"广角镜"的作用，这种凸面镜常用作外后视镜和下后视镜。

汽车后视镜，通常分为车外后视镜和车内后视镜两种。对于车外后视镜，汽车左右两侧都有，其功用主要是让驾驶人观察汽车后侧的行人、车辆以及其他障碍物的情况，确保行车或倒车安全。车内后视镜主要供驾驶人观察和注视车内乘员、物品以及车后路面的情况。当车辆夜间行驶时，车内后视镜还具有防止后随车辆前照灯光线所引起的炫目功能。

  汽车上的后视镜位置直接关系到驾驶人能否观察到车后的情况，对行车的安全性至关重要。后视镜的调整有两种方式：一种采用手动调整；另一种采用电动后视镜，通过开关进行调整，操作起来十分方便。

图 11-2-1　电动后视镜

（二）车内后视镜（带防炫目功能）

  自动防炫目后视镜一般安装在车厢内，由一面特殊镜子和两个光敏二极管组成。当强光照在后视镜上时，镜上的光敏二极管把光信号传给微机，经过信号处理，控制电路使镜面变色以吸收强光，削弱强光的反射，避免反射的强光进入驾驶人的眼睛，防止眩目，如图 11-2-2 所示。

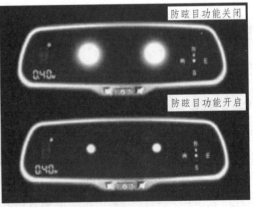

图 11-2-2　车内后视镜及防炫目效果示意图

（三）车外电动后视镜

  车外电动后视镜一般由镜片、驱动电动机、控制电路及控制开关组成。在每个电动后视镜的背后装两个可逆电动机和驱动机构，可调整后视镜上下及左右转动。上下方向的转动由一个电动机控制；左右方向的转动由另一个电动机控制。通过改变电动机的电流方向，即可完成后视镜的位置调整，但一个后视镜的两个电动机不能同时运行。后视镜控制开关位于主驾驶室门把手附近。车外后视镜的结构和典型开关分别如图 11-2-3 所示。

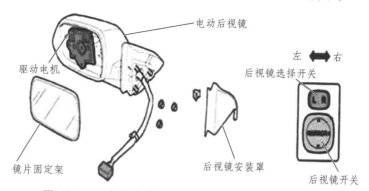

图 11-2-3　车外电动后视镜结构和控制开关示意图

如图 11-2-4 所示，为了使车能够获得最大的驻车间隙，通过尽可能狭小的路段，有的电动后视镜还带有伸缩功能，由伸缩开关控制伸缩电机工作，使两个后视镜整体回转伸出或缩回。除此之外，有些后视镜还带有加热功能，当点火开关接通并且后视镜加热器打开时，后视镜被加热，可以使后视镜在寒冷的季节不结霜、不起雾，保持良好的后视线，从而提高行车安全性。

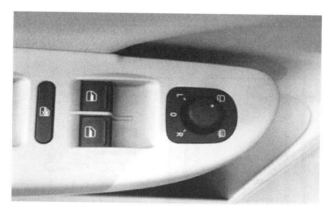

图 11-2-4　带有伸缩和加热功能的电动后视镜开关

将电动后视镜开关旋转至左侧或右侧位置，可选择其中一个后视镜进行调节。上下或左右移动杆式控制开关，可将后视镜调至所需位置。双电机传动总成位于后视镜玻璃后面。后视镜的位置可能与记忆式电动座椅联动，并可以在选择座椅位置时自动调节。

典型的电动后视镜电路是一个独立的电路，除非该电路固定在方便性存储系统中。在此情况下，车身控制模块（BCM）可以同时控制后视镜和座椅。一些车辆内的 BCM 在任何时候将变速器挂入倒挡时都能自动向下倾斜乘客侧车外后视镜，这样便于使驾驶员看清。

许多新车都配备了电镀铬车外后视镜。这些后视镜根据照射到后视镜表面上的光线强度来自动调节反射率。这些后视镜使用光敏元件来感应光线。眩光特别强时，后视镜将充分变暗（反射率降至 6%）；眩光适中时，后视镜会将反射率调节至 20% ~ 30%；眩光减弱后，后视镜将切换为清晰的日间状态。

（四）电动后视镜控制电路图

以卡罗拉为例，电动后视镜电路图如图 11-2-5 所示，各零部件代码名称如表 11-2-1 所示。

遥控后视镜

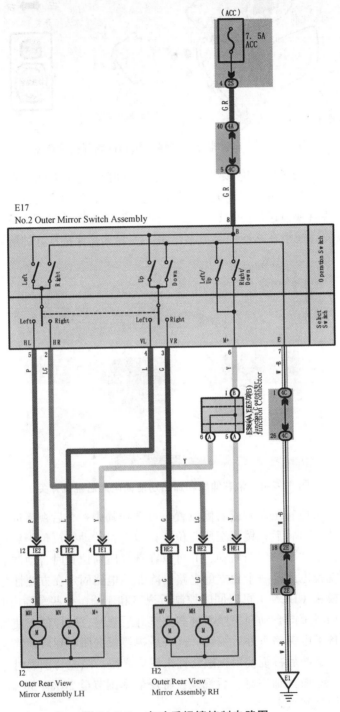

图 11-2-5　电动后视镜控制电路图

表 12-2-1　各零部件代码名称

零部件代码	名　　称	零部件代码	名　　称
E17	车外后视镜开关	H2	右侧车外后视镜
I2	左侧车外后视镜		

二、基本技能

（一）电动后视镜检查

1. 准备工作

（1）防护装备：工作服；工作帽；手套；劳保鞋。

（2）车辆、台架、总成：卡罗拉整车（配置电动后视镜）；其他配置电动后视镜车辆。

（3）手工工具：拆装工具一套。

（4）辅助材料：翼子板布和前格栅布、三件套、抹布、手套、白板笔等。

2. 实施步骤

（1）电动后视镜调节开关一般安装在方便驾驶员操作的驾驶员侧的车门内饰板上或仪表盘左边的内饰板上，如图 11-2-6 所示。

（2）按左、右后视镜选择键上的"L"键，选择调节左边后视镜，如图 11-2-7 所示。

图 11-2-6　电动后视镜调节开关

图 11-2-7　按"L"键

（3）使用后视镜方向键，进行左边后视镜镜片的上、下左右调节，如图 11-2-8 所示。

（4）驾驶员一边操作按键，一边观看后视镜，将后视镜镜片调到合适的位置，如图 11-2-9 所示。

图 11-2-8　调节后视镜

图 11-2-9　左后视镜调节

（5）按左右后视镜选择键上的"R"键，选择调节右边后视镜，如图 11-2-10 所示。

（6）使用后视镜方向键，进行右边后视镜镜片的上、下左右调节，如图 11-2-11 所示。

图 11-2-10　按"R"键

图 11-2-11　调节后视镜

（7）驾驶员一边操作按键，一边观看后视镜，将后视镜镜片调到合适的位置，如图 11-2-12 所示。

（8）按下电动后视镜折叠键，可以使后视镜折叠，提高了车辆的通过性，如图 11-2-13 所示。

图 11-2-12　右后视镜调节

图 11-2-13　电动后视镜折叠键

（9）后视镜折叠起来，可以保护镜面，有效地避免刮蹭，如图 11-2-14 所示。

图 11-2-14　后视镜折叠

（10）电动后视镜故障诊断。

① 如果后视镜所有功能都不动作，应检查供电电路和开关总成。

② 如果部分功能不动作，应检查对应功能的电机和开关。

三、学习小结

（1）汽车后视镜反映汽车后方、侧方的情况。

（2）汽车后视镜分为车外和车内两种。

（3）车外电动后视镜一般由镜片、驱动电动机、控制电路及控制开关组成。

（4）电动后视镜的控制电路。

（5）卡罗拉电动后视镜检修步骤。

四、任务分析

本情境中，电动后视镜不能调节，可能的故障部位有：调节开关、电机及线路。

五、自我评估

1. 填空题

（1）车外电动后视镜一般由_____、_____及_____组成。

（2）每个电动后视镜的背后装两个_____和驱动机构，可调整后视镜上下左右转动。

2. 判断题

（1）电动后视镜可以同时调节左右后视镜工作。（　　　）

（2）汽车后视镜通常分为车外和车内两种。（　　　）

学习项目十二　汽车电路图识读

本学习项目主要学习汽车电路图的识读，分为两个工作任务：任务一——大众汽车电路图识读；任务二——丰田汽车电路图识读。通过两个工作任务的学习，掌握汽车电路图的识读方法，为后续学习和工作奠定基础。

工作任务一　大众汽车电路图识读

■任务情境

一、任务描述

车间来了一辆大众宝来汽车检修全车电路，你的主管要求你协助查阅电路图，你能完成吗？

二、任务提示

查阅大众汽车电路图，必须先学习大众汽车电路图的特点、电路图符号的含义等基础知识。

■任务目标

一、知识目标

（1）能够简述汽车电路图识读在汽车检修中的作用。
（2）能够识读大众汽车电路图。

二、能力目标

（1）能够完成汽车电路图识读。
（2）能够完成简单大众汽车电路图识读。

■必备知识

一、基本知识

1. 大众汽车电路图的特点

（1）所有电路纵向排列，垂直布置。

（2）采用断线代号解决电路交叉问题。

（3）全车电路分为三部分：电源与继电器、搭铁与接地、电器元件控制逻辑，在表示线路走向的同时，还表示出了线路结构情况，如图 12-1-1 所示。

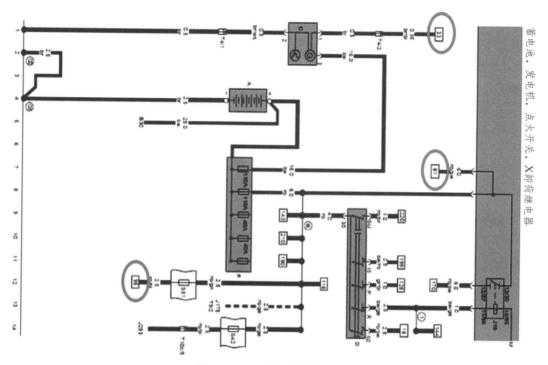

图 12-1-1 大众汽车电路图

2. 电路图中代码含义（见图 12-1-2）

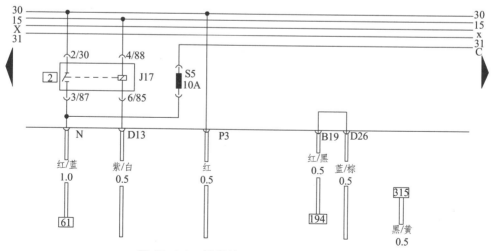

图 12-1-2 桑塔纳 2000Gsi 轿车电路图

图 12-1-2 中各代码含义如下：

（1）30——直接接蓄电池正极蓄电池 12 V/24 V 转换继电器。

（2）15——蓄电池的下游受开关的控制的正极（来自点火/行驶开关）。

（3）X——点火开关控制卸载荷继电器的蓄电池正极端子。

（4）31——连接蓄电池负极端子的回线或接地。

各代码实际元器件如图 12-1-3 所示。

（a）G代表传感器

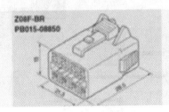
（b）T代表连接器

（c）J代表控制单元

（d）N代表电磁阀

（e）SA/SB/SC 代表保险丝

（f）F代表开关

图 12-1-3　各代码代表元器件

3. 电路元件

电路元件如图 12-1-4 所示。

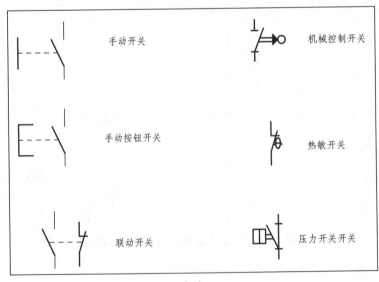

（a）

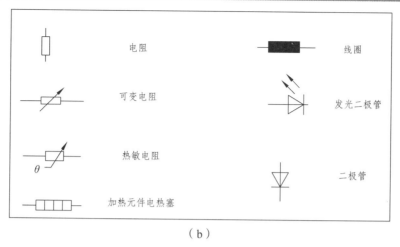

（b）

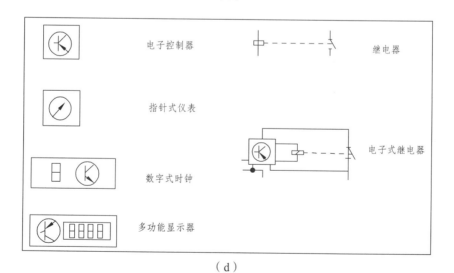

（c）

（d）

图 12-1-4　电路元件图

4．大众电路图说明

如图 12-1-5 和图 12-1-6 所示为大众电路图说明。

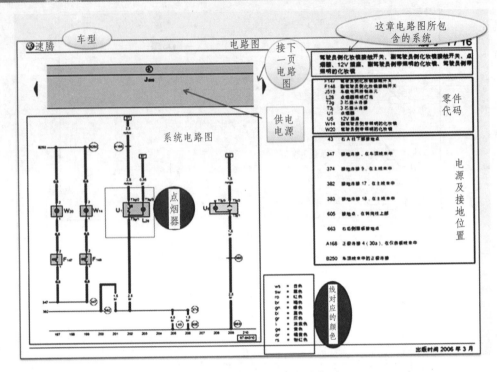

图 12-1-5　大众电路图说明（1）

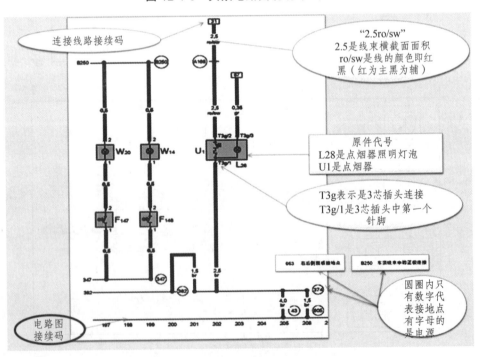

图 12-1-6　大众电路图说明（2）

5. 线束常用颜色

线束常用颜色及符号如表 12-1-1 所示。

表 12-1-1　线束常用颜色表

颜　色	英文缩写	颜　色	英文缩写
白色	w	黑色	sw
红色	r	褐色	br
绿色	gn	蓝色	bl
灰色	gr	浅紫色	li
黄色	ge	橘黄色	or
粉红色	rs		

二、学习小结

（1）大众电路图的元件类型代码。
（2）大众常用电器元件表示符号。
（3）大众电路的识读要领。

三、任务分析

电路图查询分析是汽车维修的基本技能，应掌握各种车型的电路图特点及阅读方法。

四、自我评估

写出大众电路图线束颜色的英文缩写。

颜色	英文缩写	颜色	英文缩写
白色		黑色	
红色		褐色	
绿色		蓝色	
灰色		浅紫色	
黄色		橘黄色	
粉红色			

工作任务二　丰田汽车电路图识读

任务情境

一、任务描述

车间来了一辆丰田卡罗拉汽车检修全车电路，你的主管要求你协作查阅电路图，你能完成吗？

二、任务提示

查阅丰田汽车电路图，必须先学习丰田汽车电路图的特点、电路图符号的含义等基础知识。

任务目标

一、知识目标

（1）能够简述汽车电路图识读在汽车中的作用。
（2）能够识读丰田汽车电路图。

二、能力目标

（1）能够完成电路图识读。
（2）能够完成简单汽车电路图识读。

必备知识

一、基本知识

1. 卡罗拉电路图手册的识读要领
如图 12-2-1 所示为汽车电路图。

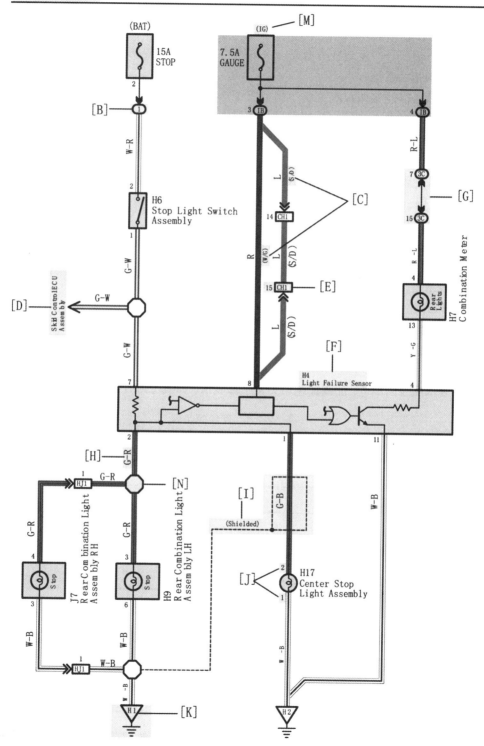

图 12-2-1　丰田汽车电路图

图中各符号含义如下：

[A]：系统名称。

[B]：表示继电器盒，无阴影表示，且仅显示继电器盒以区别接线盒。

例：①表示 1 号继电器盒。

[C]：当车辆型号、发动机类型或规格不同时，用（ ）来表示不同的配线和连接器。

[D]：表示相关系统。

[E]：表示用以连接两根线束的（阴或阳）连接器的代码，如图 12-2-2 所示。该连接器代码由两个字母和一个数字组成。

连接器代码的第一个字符表示指示带阴连接器的线束的字母代码，第二个字符表示带阳连接器的线束的字母代码，第三个字符表示在出现多种相同的线束组合时，用于区分线束组合的系列号（如 CH1 和 CH2）。

符号 (≫) 表示阳端子连接器，连接器代码外侧的数字表示阳连接器或阴连接器的引脚编号。

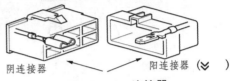

图 12-2-2　连接器

[F]：表示零件（所有零件用天蓝色表示）。此代码与零件位置图中所用的代码相同。

[G]：接线盒（圈内的数字是接线盒号，旁边为连接器代码），如图 12-2-3 所示。接线盒用阴影标出，以便将它与其他零件清楚地区别开来。

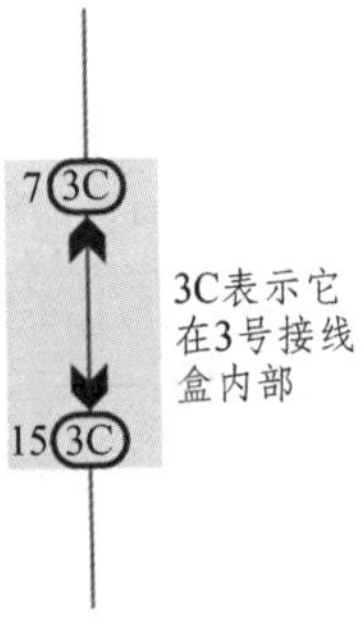

[H]：表示配线的颜色。配线颜色用英文字母表示，如表 12-2-1 所示。

3C表示它在3号接线盒内部

图 12-2-3　接线盒

表 12-2-1　配线颜色表

字母	颜色	字母	颜色	字母	颜色
O	橙色	P	粉色	G	绿色
LG	浅绿色	W	白色	GR	灰色
B	黑色	R	红色	L	蓝色
V	紫色	Y	黄色		
SB	天蓝色	BR	褐色		

5 第一个字母表示基本配线颜色，第二个字母表示条纹的颜色，如图 12-2-4 所示。

[I]：表示屏蔽电缆，如图 12-2-5 所示。

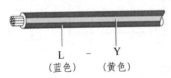

L — Y
（蓝色）　（黄色）

图 12-2-4　配线图

图 12-2-5　屏蔽电缆

[J]：表示连接器引脚的编号。阳连接器和阴连接器的编号系统各异，如图 12-2-6 所示。

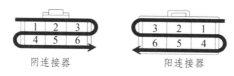

图 12-2-6　连接器编号

[K]：表示搭铁点。该代码由两个字符组成：一个字母和一个数字。

该代码的第一个字符表示指示线束的字母代码，第二个字符表示在同一线束有多个搭铁点时区别用的系列号。

[L]：页码。

[M]：表示保险丝通电时的点火开关位置。

[N]：表示配线接点，如图 12-2-7 所示。

[0]：解释系统概述。

[P]：显示系统电路中的零件在车辆上的位置的参考页码。例：H4，该代码的第一个字符表示线束的字母，第二个字符表示与线束连接的零件的系列号，如图 12-2-8 所示。

图 12-2-7　配线接点图

图 12-2-8　参考页码

[Q]：显示系统电路中的继电器和连接器在车辆上的位置的参考页码。

[R]：显示系统电路中的接线盒和线束在车辆上的位置的参考页码。

[S]：显示描述线束和线束连接器（首先显示阴连接器线束，然后显示接头线束）的参考页码。

[T]：显示车辆上搭铁点位置的参考页码。

例如：搭铁点"H2"位于背板中间。

2. 卡罗拉汽车英文缩写

卡罗拉汽车英文缩写如表 12-2-2 所示。

表 12-2-2　卡罗拉汽车常用英文缩写

英文缩写	代表意义	英文缩写	代表意义	英文缩写	代表意义
A/C	空调	EPS	电动机动力转向	RH	右侧
CPU	中央处理器	IC	集成电路	CAN	控制器区域网络
EFI	电子燃油喷射	R/B	继电器盒	ECM	发动机控制模块
HID	高强度放点	VSC	车辆稳定性控制	FL	熔断丝
LH	左侧	W	带	LED	发光二极管
TRC	牵引力控制系统	ABS	防抱死制动系统	SRS	辅助约束系统
VVT	可变气门正时	EBD	电子制动力分配	VSV	真空开关阀
A/T	自动传动桥	ESA	电子点火提前	W/0	不带
DLC3	数据链路连接器 3	J/B	接线盒		

3. 卡罗拉术语及符号表

卡罗拉汽车电路图如图 12-2-9 所示。各术语及符号如表 12-2-3 所示。

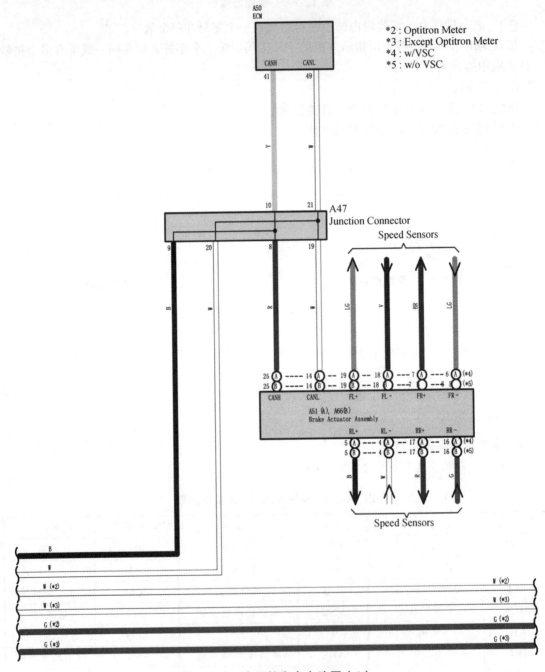

图 12-2-9　卡罗拉汽车电路图（1）

电源

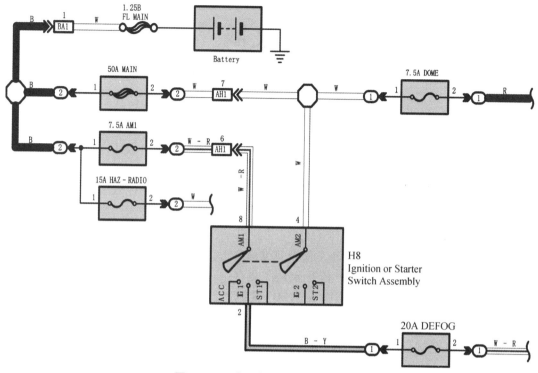

图 12-2-9 卡罗拉汽车电路图（2）

二、学习小结

（1）卡罗拉完整电路的识读要领。

（2）丰田车型常见的英文缩写含义。

（3）丰田常见电器符号表示方法。

三、任务分析

电路图查询分析是汽车维修的基本技能，应掌握各种车型的电路图特点及阅读方法。

四、自我评估

1. 判断题

（1）丰田电路图中，阴连接器序号应从左边往右边数。（　　　）

（2）配线颜色的英文字母，第一个字母表示基本配线颜色，第二个字母表示条纹的颜色。（　　　）

参考文献

[1] 周建平. 汽车电气设备构造与维修[M]. 北京：人民交通出版社，2005.

[2] 付百学. 汽车电子控制技术[M]. 北京：机械工业出版社，2003.

[3] 杨庆传. 汽车故障诊断与检测技术[M]. 北京：人民交通出版社，2002.

[4] 张子波. 汽车应用电子技术[M]. 北京：机械工业出版社，2003.

[5] 隋礼辉. 进口轿车电气维修技术[M]. 北京：中国劳动社会保障出版社，2003.

[6] 麻良友. 电子点火系统原理与检修[M]. 沈阳：辽宁科学技术出版社，1997.

[7] 钱博森. 怎样看汽车电路图[M]. 北京：电子工业出版社，1998.

[8] 周维夫. 桑塔纳 2000 型轿车使用与维修[M]. 杭州：浙江科学技术出版社，2000.

[9] 约翰 S 米德. 奥迪 200 维修手册[M]. 北京：北京理工大学出版社，1992.

[10] 赵玉庆. 凌志 400 轿车维修手册[M]. 沈阳：辽宁科学技术出版社，2000.